大夏书系·教师专业发展

改变，从写作开始

教育写作实用技巧30讲

刘　祥———著

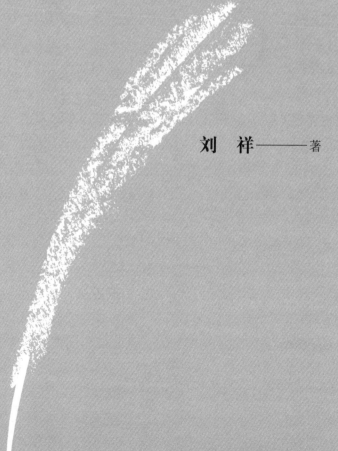

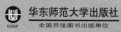
华东师范大学出版社
全国百佳图书出版单位

前言 教育写作的意义

2016年12月29日,江苏省正高级教师评审结果在教育厅网站上公示,我很幸运地成为1/178。此后数天,陆续接到诸多祝贺,感触最深的,是一位兄弟的评述。他说:"你一个异乡人能够在江苏取得这么多的成就,撇开江苏相对开明的学术环境不谈,你自身坚持多年的教育写作功不可没。没有教育写作,你就是一个普通的教书匠。"

这位兄弟的话,我深以为然。如果说我在专业发展上有什么成功秘诀可言,我亦认为是教育写作。一方面,我在平凡甚至贫乏的日常工作中努力探究新的教学方法,努力阅读新的教育理论作品,努力思考各类教育问题,并将这些实践、阅读与思考形成相应的教育文章;另一方面,我又因为教育写作的需要而有意识地开展各种形式的教育实践,同时有意识地阅读相关专业著作,持久性进行专业反思。应该说,正是因为教育写作与教育实践、专业阅读和专业反思的相辅相成,我才得以一步步走出生活的平庸,走向生命的丰盈。

这样的认知,并非我的首创。我追随的"新教育实验"团队,就始终倡导教师专业发展的四个"不停"——不停地实践,不停地阅读,不停地思考,不停地写作。我以为,这四个"不停",正如一把尺子,可以丈量出一个教师的职业素养与职业情怀的短长。优秀的教师,必然能够坚守这四个"不停",让自己的教育生命,在永不停歇的实践、阅读、思考和写作中日渐丰盈;而平庸的教师,则往往懈怠于实践、阅读、思考和写作。

也许有老师会说:我从工作之初,便始终在不停地实践啊,我也不间断地进行大量的阅读,而且我的大脑,也始终在思考着各种各样的问题。我所欠缺的，其实只是写作而已。

这样的认知，当然不算错，却不完全正确。因为，我们以为属于实践、阅读、思考的那些东西，很多时候并没有一个明确的目标作指引。我们在实践时，往往只满足于过程的充实性，却弱化了实践的科研性。不是带着问题去实践、探索，只是在完成各种各样的、可有可无的任务。同样，我们的阅读多数情况下也不是专业阅读，而是一种休闲式阅读、猎奇式阅读。我们的思考也过于零碎、杂乱，大千世界，五花八门，我们都爱花费脑力去琢磨琢磨。这样的实践、阅读和思考，归结起来，只能算作一种盲目、随性与肤浅的自然行为，绝非专业发展道路上应有的自觉行为。

真正意义上的教育实践、教育反思、专业阅读，需要以专业写作为主线，串联起相应的教育教学活动。写作中的迷惘、困顿，会逼迫着你开展有目的的实践，强迫着你进行有针对性的阅读，敦促着你进行系统性的思考。只有这样做，你才能写出文章；而你写出的文章，又能够反过来推动你的实践、阅读和思考，使它们朝向纵深处拓展。

我常常听到一些校长发表这样的奇谈怪论：不要以为写几篇论文就是在做教研，真正的教研，必定是研究学生、研究教学、研究中高考。此种说法的荒诞，首先在于它的反逻辑。它将老师们写的论文和研究学生、研究教学、研究中高考隔绝开来。而我们知道，一线教师的论文，其实基本上都是围绕研究学生、研究教学、研究中高考进行的。同样是研究，写成论文的老师，一定研究得更仔细、更成体系、更具创造性。

这种说法的荒诞，还体现为它的功利性和狭隘性。反对教师写论文，只要求教师研究学生、研究教学、研究中高考的校长，一定不是真正办教育的人。因为，他要求教师们去做的所谓"研究"，并非研究学生的生命成长规律，研究教学规律，研究中高考对生命成长的价值，而是研究如何把学生的思想和行动统一到考试成绩上，如何让教学成为最有效的抓分手段，如何在中高考中寻找到"武功秘笈"。我认为，这样的"教研"，不要也罢。我们需要研究的，是课程标准引领下、尊重成长规律、符合教育教学规律的现象、行为、方法等内容。我们研究的目的，是为了学生的健康成长和我们自身的健康成长。

正是基于这样的理解，我认为，唯有持之以恒的专业写作，才能带动起持之以恒的专业实践、专业阅读和专业思考。从不动手写作的老师中，绝大多数人难以成为卓越教师。专业写作可以让我们更理性，让我们的知识结构更成体系。

下面，我从四个方面对专业写作的重要意义进行阐释。

一、写作，为了记录我们的思想

我相信，很多老师都有过这样的经历：在我们或长或短的教学生涯中，最精彩的那节课，并非出现在今天，而是诞生于此前的某个时间。而且，受诸多因素的影响，这样的精彩在随后的教学实践中，再也不能复制出来。那些精彩的语言、突然而至的灵感、精妙绝伦的临时性生成，只在那节课上幻化成美艳超群的精灵，给我们带来实实在在的课堂享受。离开了那节课后，这样的美妙便彻底消失了影踪，当我们再次需要它光临时，却再也无法寻觅它的芳迹。

这时，我们便会怨愤于当初的疏于记录。如果那时便拥有专业写作的习惯，能及时记录下那节课中的精彩，能把这样的精彩上升到理论的高度进行分析阐释，能由一节课的精彩而提炼出某种思想、某种方法，那么，我们便拥有了不断向上攀登的台阶。

类似的经历当然很多，类似的精彩也同样很多。然而，造化总是用遗忘来擦除生命的种种精彩，让我们一步步走向平庸，并甘于平庸。倘若我们不安于这样的现实，不愿在琐屑庸常中黯淡我们的生命光芒，那么，就必须行动起来，用我们的文字，保存下我们创造的所有精彩，并在不断地反刍中，使其成为我们健康成长的养分和动力。

这其实就是一种储蓄，我们的文字便是存单。凭着这样的存单，我们能在需要时提取出足够的财富，满足自己当下的某些需求。如果只是诉诸口头，遗忘和疏漏便在所难免。

二、写作，为了反思我们的行为

生命的成长过程，就是不断发现错误又不断改正错误的过程。这里所说的"错误"，不一定指向违背了某些红头文件，也不一定指向脱离了某种既定的轨道，而是指向违背了常识和规律。比如，某地教育主管部门规定，教师备课必须"五统一"：统一教学目标，统一教学方法，统一教学进度，统一教学安排，统一课后作业。一旦有教师未能"统一"起来，便视作教学事故。我想，对于这样的规定，一个真正优秀的教师，就要成心犯"错"，成心折腾出"教学事故"。你只有不遵守这样的规定，才能因材施教，才能正视学生的发展差异，才能培养出有个性的学生。什么都统一了，师生一起成为型号一致的流水线产品，还到哪儿去找有个性的人。

某日，腾讯主页上有两条很有趣的新闻：一条说南京外国语学校的留学预科班搞了个睡衣日，学生穿着各种各样的睡衣到学校学习，老师也穿着睡衣在讲台上授课。另一条说某地高三年级出了个"吊瓶班"，约30名学生，一边挂着吊瓶，一边在教室里听老师授课。把这两条新闻放在一起读，我们便能读出很多的东西。我相信，很多教师都看到了这两条新闻，但乐于分析其中潜藏着的各种意义，乐于把自己的思考记录下来，并用作自我行为的镜子的教师，可能就很少了。想一想，我们敢倡导学生穿着睡衣来上课吗？我们虽不至于让学生一边挂吊瓶一边听课，但不也有意无意中总是倡导学生刻苦学习，希望学生们能够"头悬梁，锥刺股"地苦读吗？如果我们能借助这些看来、听来或者经历过的事件检省自己的思想和行动，并以之为我们的教学行为的试纸，随时检测我们教育精神、教育情怀的酸碱度，那么，我们又怎么会总是在类似的错误中挣扎，并因为这样的挣扎而耗尽心血，直至心生倦怠呢？

仅从这一个例子的分析便可以发现，当下教育中之所以出现很多"反教育"的病症，很大程度上正在于教育工作者懈怠于深入思考各类教育问题。倘若必须将这样的思考形成文字，则可以在一定程度上促使教师反思自身行为的合理性。

三、写作，为了提升我们的能力

曾经读过这样一段话：我们应该感谢那些聪明而懒惰的人。这个世界，聪明人太多，但勤奋的聪明人却很少。正因为众多的聪明人的懒惰行为，才使得我们有机会用我们的勤奋来弥补先天的不够聪颖。

生活中，我们随时随地都能遇到很多的聪明人。他们思维敏捷、头脑灵活。有时，我们要花很长时间去做的事儿，他们三下五除二就解决了。在学校里，他们有时只用不到一半的精力，就能折腾出一节很精彩的公开课。他们有充裕的时间阅读各样的书籍，也可以四处串岗，跟各种各样的人说说闲话。在我们绞尽脑汁地琢磨某篇课文的教学设计时，他们可以一边听着音乐，一边从网络上轻松地下载几个教案，再挑一个自己满意的，便完成了一篇课文的备课。

面对着这样的同事，我们如何才能在业务上战胜他，让仰视变成平视甚至是俯视呢？我们当然可以借助专业实践、专业阅读、专业思考来提升我们的能力。如果我们能够把这些行为长期坚持下去，自然会有收益，但要想用最少的时间消耗，换取最大的成长效益，就非得借助专业写作不可。

这让我想起了"朱永新成功保险公司"。2002年时，"新教育实验"发起者朱永新先生为了倡导教师坚持写教育随笔，曾半戏谑半认真地拟写了一份"朱永新成功保险公司开业启事"。在这则启事中，朱永新先生拟定了这样的投保条件："每日三省自身，写千字文一篇。一天所见、所闻、所读、所想，无不可入文。十年后，持3650篇千字文（计365万字）来本公司。理赔办法：如投保方自感十年后未能跻身成功者之列，本公司以一赔百。即现投万元者可成百万富翁（或富婆）。本公司只求客户成功，不以赢利为目的……"

我是2004年夏季读到这份"开业启事"的。有这样丰厚的利润等着我，我当然要投保。现在，14年下来，写了估计500万字。14年前，我已有18年的教龄，却未曾发表过只言片语。14年后的今天，我把自己对教育和教学的理解整理成了800多篇文章，发表在各类教育教学报刊上。而且我还出版了8部个人教育专著。

这些还是外在的、可以看得见的成绩。比这更重要的，是我在不停歇的写作过程中，阅读了大量的教育教学理论著作，多方位思考了教育教学的若干问题。以我现在对教育的理解，回首前18年的工作，我发现我耗费了18年的时间，只是在教育的大门外转了无数个圈，有时走得离门近点儿，有时却是渐行渐远。

我绝不是聪明人。高考考了三年，才考取师专；工作21年后，才评上高级职称；跟同事打麻将，十场至少要输九场；下了半辈子象棋，至今还是臭棋篓子……现在，我能在国内语文界略有薄名，我以为，完全是14年来坚持教育写作的功劳。教育写作，迫使我不断地阅读、不断地实践、不断地思考。同时让我对已经取得的经验有了很好的总结，使我能尽量多地避开同样的错误，一步步走向教育的理性。

四、写作，为了提炼我们的精神

有人说，当下教育是几千年来最灰暗、最功利的教育。我不知道这样的说法有何学理依据，但我知道，当下教师的心理倦怠确实远甚古人。面对无边无际的内心压力与困顿，我们能做些什么呢？

最好的做法，当然是"不跟他玩"。"玩"不起，就千万别"玩"。如果年纪轻轻，就对自己的工作充满了抱怨与恐惧，却又不能抽身而去，那么，未来几十年的时光将过得毫无价值。年轻教师，千万别信奉犬儒主义。愤世嫉俗和玩世不恭，都是生命的无端浪费。我非常喜欢"教唆"一些年轻教师转行。不爱教育，却还要每天一边骂着娘一边走上讲台上课，这样的教师只能将一些不良的情绪、不好的行为传递给学生。

如果你别无他长，只能靠教书养家糊口，那么，就千万不要把自己包裹在牢骚怪话中。你骂得越多，越显得自己肤浅和无能。因为，有才华的同行，只会用自己的努力，为自己开辟一条日渐宽阔的大道，不会满足于用不良情绪把自己的路弄得越走越狭窄。

生活中，常常会有一些怀才不遇的人。怀才而不遇，除了缺乏良好的环境、适宜的机缘和慧眼的伯乐之外，更主要的原因，还是这"才"总是藏在

"怀"中，未能显现于大众视线之内。如果我们能够借助各种媒体，将自己的真知灼见适时显露出来，或许，怀才不遇的现象就消失了。如何显露呢？可以依靠做，可以依靠说，更可以依靠写作。

我们看当下教育界的各位名师，他们能够在全国范围内形成巨大影响的最主要因素是什么？公开课和专题讲座当然是一种路径，但这样的路径，受众总是有限。唯有专业写作，才是他们推行自己的教育教学主张，让别人了解自己、接受自己的法宝。形成全国性影响力的名师，极少有不进行专业写作的。只有坚持着写下去，才能把自己在教育教学实践中积累的零碎的、感性的知识系统化，才能不断盘点自身的成长，不断朝向新的高度迈进。

李镇西老师曾在一次演讲中说，他在教育教学中所做的那些凝聚了丰富的爱心和智慧的事儿，很多教师都能做到。很多教师做不到的，就是如他一样长期坚持专业写作。因为专业写作，他得以站在更高的层面上反思自己的爱心和智慧，这就跳出了经验的范畴，升华成了一种精神和境界。其实，专业写作就是这样，刚开始时，或许并没有多少明晰的思考。写着写着，就会养成透过现象看本质的习惯，就会多角度思考问题。这样，也就慢慢脱离了偏激和狭隘，走向了成熟和理性。可以这样说，一个人的教育理性，40%来自专业阅读、专业实践和专业思考，60%来自专业写作。只有动手写时，才会发现思维力的欠缺，才会更好地阅读、思考和实践。

第 1 讲　教育写作的误区 / 1

第 2 讲　教育写作的秘密 / 8

第 3 讲　教育叙事的写作技巧 / 16

第 4 讲　教育叙事中的误区诊疗 / 22

第 5 讲　教学叙事的写作技巧 / 31

第 6 讲　教学叙事中的注意事项 / 39

第 7 讲　教育案例分析的常见结构 / 47

第 8 讲　教育案例分析的思维梯度形成 / 55

第 9 讲　教学案例分析的意义指向 / 61

第 10 讲　教学案例分析中的要点归纳 / 70

第 11 讲　教学反思的切入角度 / 78

第 12 讲　教学反思中的思维路径 / 83

第 13 讲　教学反思中的深度拓展 / 88

第 14 讲　教学反思与课程意识 / 92

第 15 讲　教学论文的宏观认知 / 98

第 16 讲　教学论文写作中的四大误区 / 104

第 17 讲　教学论文的立意策略 / 111

第 18 讲　教学论文的选点技巧 / 117

第 19 讲　教学论文的框架建构 / 123

第 20 讲　教学论文如何阐释事理 / 129

第21讲　教学论文如何提升可读性 / 138

第22讲　教学论文的常见病症解析 / 146

第23讲　教学论文的投稿要诀 / 153

第24讲　教育论文的写作策略 / 158

第25讲　教育论文的说理技巧 / 166

第26讲　教育随笔的写作技巧 / 175

第27讲　读后感的写作技巧 / 182

第28讲　教育书评的写作技巧 / 189

第29讲　教育专著的框架建构 / 195

第30讲　培养写作习惯的基本技巧 / 201

后　记　教育写作的力量 / 207

第1讲 教育写作的误区

缺乏教育写作经验的人，总觉得教育写作很难、很神圣、很神秘。当他们需要写作一篇教育文章时，首先想到的往往不是自身教育教学生活中的那些经验或教训，而是道听途说的某些教育理论，某些读起来永远正确却又解决不了任何实际问题的空洞说教。于是乎，写作的第一步是求助网络搜索引擎，找寻一大堆的名词概念和名家言论，用来"提升"文章的"理论高度"，然后东拼西凑一些教育素材，"嫁接"成一篇看似理论联系实际的"论文"。这样的文字，初读时很吓唬人，似乎是在面对一个饱读诗书的鸿儒。细加分析便立刻发现，理论与实践多为两张皮，彼此间并无真正的逻辑关联，其"阐释"的教育问题也多似是而非。

真正的教育写作者，自然不会乐意于将自己的文字变成他人思想的跑马场。故而，真正的教育写作者，一定是本着"我手写我心"的写作意识，以自身的专业实践、专业反思、专业阅读为依托，始终致力于发现教育实践中的各种问题，始终着力于探究解决问题的具体方法与路径。由此而诞生的教育文章，关注的是当下的教育教学实践，探究的是具体可行的方法。不一定每篇文章都有理论高度，却每一篇都瞄准了课程、课堂与师生，每一篇都关注着实实在在的教育生活。

当然不能奢求所有的教育写作者一起步便踏上正途。但这不代表每一个人都必须行走一定数量的弯路。倘若能够在迈出第一步时，便知晓前方已经存在的各种误区，便能够及时修正偏差，少走或不走歧路。

教育写作中的误区，有下面七种常见类型。

一、盲目跟风，人云亦云

身处教育一线，终日被分数与排名纠缠，基础教育阶段的教师很难有精力及时获取最新的教育信息。于是，试图写作一篇教育论文时，便难免先翻翻相关报刊，搜索一下近阶段的热点信息，再以阅读到的内容为"理论"支撑，探究某些相对务虚的教育问题。

此种行为，用以更新知识、丰富经验，值得褒扬。用以教育写作，便容易出现问题。这是因为，教育写作更大程度上是为了推广交流。对一种新理论的认知尚属一知半解，又如何能形成合情合理且有思想深度的文章？己之昏昏，岂能使人昭昭？

教育写作当然不能与时代脱节。关键在于作者的思想认知必须建立在相对全面、相对客观公允的前提之下。比如，当我们试图写作一篇以"互联网+学科教学"为主题的论文时，首先就需要对"互联网+"进行相对全面的了解。既要了解"互联网+"自身的特点，又要了解"互联网+"在现实生活各行业中的应用情况，了解这些应用带来的各种变化，还要了解自身的学科建设已有的成就、存在的问题，了解"互联网+"在发达国家或国内发达地区的教学实践中的应用情况，了解"互联网+"能够给学科建设带来的各种变化。有了这些认知经验，我们才能胸有丘壑，才能在写作中高屋建瓴，写出对他人具有一定指导意义的学术论文。

遗憾的是，绝大多数情况下，我们缺乏这种"打破砂锅问到底"的科研精神。很多人只是偶然间接触到了某个概念，然后追踪阅读有限的资料，便开始撰写文章。这样的文字，理论半生不熟，又缺乏必要的实践案例辅佐，除了名词概念跟上了时代步伐，再无其他价值。试问，哪一家期刊愿意发表此种"水货"作品，又有几个读者愿意阅读此种"水货"作品？

二、视野逼仄，观点陈旧

也有一些教育写作者，如陶渊明笔下的桃花源中人，长时间过着"乃不知有汉，无论魏晋"的封闭式生活。外在的教育环境已经历了若干次的风云变幻，他们却还守着老黄历，以某些昙花一现的主张为着力点，撰写一些"出土文物"级的教学论文。

比如，在审阅某地的700余篇教师竞赛论文时，我发现至少有20篇以上的文章，还在探究十几年前风行一时的新课程改革。新课程改革这一主题下的文章不是不能写，经历了十几年的课改实践，教育写作者该关注的应是十几年实践中的得与失，绝不应该还在探究浅层次的学生主体地位问题。诸如《新课改背景下的学生主体地位确立》之类的文章，放在十几年前，对于纠正部分教师的认知偏差或许会有积极意义。放到当下的教育语境中，其唯一价值，就是昭示作者的视野逼仄，观点陈旧。由这样的文章，便可推知该作者已很多年没认真阅读过教育教学著作，很多年没有认真思考过教育教学问题。

同样的道理，当我们需要对实践多年的"小组合作探究"学习模式进行学理分析时，文章的着眼点宜放在对既有实践经验的得失解剖之上，不能浪费笔墨去探讨小组合作探究的各种积极意义。因为，意义分析类的文章，只适宜于出现在某种理论、某种现象诞生之初。这就如同面对一种食物，在食客刚接触到它时告之食用的价值与意义，自然会引起食客的食欲。食客已经对该食物了如指掌了，还要拉住他喋喋不休地诉说食用价值与意义，便只能招人厌烦。

三、认知错位，内容失当

探究教学法的论文中，时常会有一些以"我教某某课"为副标题的文章。倘若文章的作者是名扬全国的教学大腕，则这样的内容安排无可厚非。因为，名师的课堂常常就是课改的风向标。由名师教学某某课时的教学设计或课堂实录，读者可以感知某种"应该采用"或者"可以采用"的教学技法，可以间接了解一段时间内的教学发展趋势，至少也可以学习名师在课堂上的起承转合技能。

如果作者只是一个名不见经传的普通教师，这样的副标题便往往把文章引入了死胡同。最功利化的一个问题是，谁也不认识你，有多少人会关心你如何教某某课，又有多少人会想着从你的文章中学习到高明的教学技能？稍微理性一点的问题是，你所展示的这节课，符合教育规律和学科教学规律，体现出足够的教育理性和教学机智了吗？

过去的十多年中，我曾写过数篇教学案例分析的小论文。我的解剖对象，正是这类"我教某某课"的文章。我发现，文章作者很得意的教学活动形式，未必符合教育教学的应有规律。很多看似精彩的细节，彰显的恰恰是作者的认知错误。比如，有些老师的课堂活动明显偏离了学科教学的应有课程目标，学生的活动内容既与本课时的学习内容无关，也与该学科知识的体系化建设无关。这样的"我教某某课"只会将读者带入学科教学的歧路。

用文章"兜售"错误思想、错误行为的例子并非个案。某些探究学校管理中的"精细化"行为的经验性论文，也常常会把一些扼杀个性和创造力的所谓"经验"作为典型案例进行推介。这样的教育文字犹如毒草，只会损伤读者的思维。

四、叙议错杂，缺乏条理

倘若是写作教育叙事或教学叙事，便不能"以议代叙"，要将所有的笔墨集中到事件本身的叙述与描绘之上。如果是写作学理分析的论文，便不能"以叙代议"，只陈述论据材料，缺乏深入细致的剖析，要将论据中隐藏的事理一点点挖掘出来，形成富有逻辑的论证层次。

实际的教育写作中，很多作者犯了"以议代叙""以叙代议"的错误。写作叙事类教育教学案例时，唯恐读者不明白作品的主题意义，便在开头和结尾辅之以大量的议论性内容。写作教学论文时，又只是在列出各个分论点之后，简单堆砌一些片段性案例，却不对这些引用材料进行学理分析。此两种做法，前者属于"乱作为"，后者属于"不作为"。

与表达方式上存在的错误相比，缺乏条理更是教育写作中的通病。相当数量的教育文章之所以无法公开发表，主要原因便是缺乏应有的思维逻辑性。为数众多的作者，只会从自身的感性经验出发思考相关教育教学问题，不懂得跳出自我的小圈子，分别从教师、学生、他人、当下需要、未来需要等不同视角综合考量。苏轼说:"不识庐山真面目,只缘身在此山中。"教育写作其实也是如此,不懂得换位思考,不懂得由浅入深、由表及里地剖析,便是盲人摸象,无法形成客观公正的结论。

教育写作中的缺乏条理,还体现为论据提炼得简单空乏。很多的教育写作者,摆出一个观点后,只选用一个论据材料进行论证,便以为完成了学理阐释的任务。殊不知,任何一个论据材料,都不具备完全归纳性。要让文章中的观点被读者接受,就必须从这一个论据材料中,提炼出共性化的、能够被大多数人接受,且已被实践证明正确的道理。这样的归纳提炼过程,才是事理阐释的关键。

五、求大求全,内容空乏

越是教育写作中的新手,越容易在主题确立和素材选择上求大求全。新手的论文选题,总是偏好于指向某种宏大的教育意义,试图用一篇三千字的文章便完成对某一重大内容的分析阐释。

2016年夏,一位初中语文教师请我指点一篇竞赛论文。论文的题目是"运用修辞写好考场记叙文"。我浏览他的文章后发现,三千余字的作品中,谈了九种修辞格。更重要的是,文章的主体内容,并未具体介绍如何运用修辞手法写作记叙文,而是用将近一半篇幅阐释修辞对于记叙文写作的重要意义。

这样的文章,对于提升中学生的考场记叙文写作能力毫无价值。从读者的需要的角度看,意义分析得再透彻,没有具体可行的方法,说出的道理便全是废话。我给他提出的修改意见,是删除所有意义阐释的文字和八种修辞格,只探究比喻手法在记叙文写作中的运用技巧。我告诉他:你得在文章中告诉读者,记叙文中什么样的内容适宜使用明喻,什么样的内容适合运用借喻,什么样的内容可以使用博喻。为了将道理说清楚,你还得从经典性作品中分别找出不同的例证材料,并对这些例证材料进行对比分析,让读者明白使用了比喻之后文章有了哪些提升。当然,你也得让读者明白,什么样的情况下不能使用比喻……

我给这位老师的建议，概括起来，就是抓住一个具体问题作纵深剖析。任何一篇文章，都无法解决所有的教育教学问题。面面俱到，不如各个击破。

六、扬短避长，自设障碍

初学教育写作的人，往往误以为教育写作就是探讨一些高深的教育理论。于是，他们的文章中，便随处可见一些"高大上"的名词概念，亦不乏大段的名家论述。至于自身对所要阐述的问题的个性化思考，却十分薄弱。诸如《基于某某理论背景下的某某研究》之类的文章，题目很吓人，真正来自作者教育教学实践的研究成果，却微乎其微。

这样的教育写作，便属于典型的"扬短避长"。要知道，对于基础教育阶段的一线教师而言，我们的"短"，是教育理论；我们的"长"，是实践经验。一线教师的教育写作，应侧重于呈现我们的教育教学实践成果，而不是教育教学理论的建构。

作为一名教育写作的新人，我们当然不能拿自己的"短"去与他人的"长"竞争。该做的，是用我们的文字，记录我们的课堂，记录我们的教育教学生活中的真实感受。想一想，专家学者们终日研究教育理论，但他们很少接触学生，很少接触千变万化的课堂。他们对一线教育的了解，很大程度上不就是来自一线老师的教育写作吗？仅从这一点而言，基础教育阶段的教师，多写一写教育叙事、教学叙事和案例分析，多对课堂教学中的细节性问题进行微观解析，多探究不同类型学生的教育技法，便是抓住了自身的专长，发挥了自身的优势。舍弃了这一优势内容，却在自身不熟悉的理论领域中胡乱折腾，只能是自己给自己设置了障碍。

七、乐于表达，懒于修改

绝大多数类型的教育写作，不是为了如实记录作者的工作与生活，而是为了展示思想与个性才情，呈现教育教学实践中的探索成果。这样的文字一旦形成，便会想着投稿并公开发表。遗憾的是，很多的文章发出去之后便石沉大海。于是，有人便抱怨现在的报刊"因人用稿"，只发表名家文章和"关系户"的文章，让自己的文章"明珠蒙垢"。

实际情况却多不是这样。文章之所以无法发表，很大程度上是受作者自身写作态度的牵连。为数不少的作者，写完一篇文章后，便急匆匆地寄出去，至于文章中有没有错别字，有没有病句，有没有论证不周延的瑕疵，一概不再关注。这样的作品，成功发表的概率极低。

一名真正的教育作者，必然对自己的文字与思想心存敬畏。无论写作何种类型的文章，完成之后至少先认真通读一遍，看看有没有明显的文字错误，有没有内容上的表意不清。然后将文章放一放，第二天或者第三天再认真研读一遍，看观点表达是否精确，语言运用是否精准，内在逻辑是否经得住推敲。只有文章已能够令作者自身满意之后，才能发送出去。这样的反复修改，是对文字的尊重，是对读者的尊重，更是对自身思想的尊重。

我自2004年起，给一家期刊做特约编辑。2008年起，又为一家省级综合性期刊主持一档教学专栏。十余年来，我审稿时最先关注的，便是作者的写作态度。每打开一篇文章，第一段便读到了错别字和病句，便不再愿意继续阅读这篇作品，直接将其送入垃圾篓中。我始终认为，一个对自身的文字缺乏敬畏之心的作者，绝对写不出有价值的优秀作品。

第 2 讲 教育写作的秘密

2004年6月,我在讲台上已站满18年,却未有只言片语发表在正式出版物上。是月15日,在网络上寻找一篇课文的教学设计时,无意中点开了一个链接,进入了《中国教师报》"读者论坛"。浏览中,我发现了《人民日报》"未成年人思想道德建设大家谈"的征稿信息,主题是"让校园成乐园"。当时便想,这个话题我思考过呀,为什么不就此写一篇文章参与讨论呢?于是,说做就做,一口气写成一篇2000余字的文章:《打造书香校园过程中的五个"必须"》。

文章寄出后,便有了期待。6月22日一早,便登录人民网,查看稿件是否被录用。在"八方热议"版块,我惊喜地发现了自己的工作单位和姓名。虽然2000余字被删成了142字,只留下了五个小标题的内容,我还是十分兴奋。

首发命中的"佳绩"迅速激活了我的"写作"热情。我立刻依照电子版报纸上留下的话题内容,开始构思新的文章。同时,我还从《中国教师报》"读者论坛"的各类征稿信息中发现了一些可以参与讨论的话题或征文,依照征稿要求写成文章一一寄出。

7月2日,讨论稿《状元背后是艰辛》在《现代教育报》上发表出来;7月6日,讨论稿《我把女儿送下乡》在《人民日报》上发表;7月7日,《减负,教师无能为力》在《中国教师报》上发表,《德育,需要从"心"开始》在《现代教育报》上发表;7月16日,第三次在《人民日报》上发表讨论稿,主题是"孩子追星好不好";7月21日,散文《说"情"》在《教师报》上发表;8月,第一篇教育叙事作品《垃圾篓前的主题班会》在《教师之友》上发表，全文3000余字；9月，第一篇随感作品《教师第一》在《江苏教育》上发表；11月，第一篇教学论文《主体实践性阅读条件下的文本资源开发》在《中学语文》上发表，全文4000余字……至2004年12月31日，半年时间内，我共发表了各类文字49篇。其中，教学论文《主体实践性阅读条件下的文本资源开发》还被中国人民大学书报资料中心主办的《中学语文教与学》全文转载。

罗列这些鸡毛蒜皮的信息，只为了说明一个简单的道理：教育写作绝非想象中的那么神秘。此前的18年间，我也偶尔写过几篇"论文"，但都未能像参与话题讨论那样单刀直入，怎么想便怎么写。我把教育写作看得太神圣，抬举得太高，似乎不在文章中引入一些自己并不明白的深奥理论，便对不起"论文"这两个字。我不过是因为陷入了教育写作的误区，未能简洁明快地表达出自己的观点，才失去了让文字公开发表的机会。

由2004年下半年的这些"成功"，结合此后十多年的写作经验，我归结出这样一些"教育写作的秘密"——

一、选题应简单，立足教育解疑难

对于绝大多数一线教师而言，教育写作时面对的第一个难题不是怎么写，而是写什么。高深的教育理论不了解，眼前的生活又太平凡，虽有心写一篇论文，却始终找不到适宜的选题，于是乎，时间一长，写作的热情便消耗殆尽。

事实上，学校里发生的每一件事，都是一个值得深入剖析的优秀选题。只要我们不幻想着通过一篇文章破解某个重大的教育教学难题，不奢望用有限的两三千字解决若干个教育教学困惑，便可以从无数个简单的教育教学现象中捕捉到值得深入探究的无数个写作主题。

2005—2008年间，我写过为数不少的教育批判文章。由教室里小女生们用冰激凌盒栽种的羸弱的小花儿，我想到了成绩平平却依旧顽强成长着的这些小女生，写出了《每一朵花都有绽放的理由》；由一只在窗玻璃前顽强"拼搏"至死的甲壳虫，我想到了方法与态度的辩证关系，写出了《顽强，有时也是一种错》；由一名迟到学生在教室门前的"自觉"罚站，想到了教育中的奴性心态的养成，写出了《距离教育，我们还有多远的路》；由教室标语牌上的一句"窗外的精彩与我无关"，想到了古人倡导的"风声雨声读书声，声声入耳；家事国事天下事，事事关心"，写出了《窗外的精彩与我无关？》；由偶然间经过一间教室，听到同事对学生"苦口婆心"的教育，想到了高中教育中人性的缺失和教育理念的病变，写出了《当学习只成为敲门砖时》；由课堂上组织的一次阅读活动，想到了感恩之心的匮乏和悲悯之情的虚无，写出了《流淌在故事之外的悲伤》……

这些陆续发表在《班主任之友》《江苏教育》《师道》等报刊上的文章，没有一个选题不是来自教育生活中的寻常现象。我在写作这些选题时，既没想过要引用什么高深的教育理论，也没想过要借这些文章获得什么样的现实利益。我只是觉得，身为教师，我有责任为教育鼓与呼，有义务把日常教育生活中的"伪教育"甚至"反教育"行为的画皮剥下，让我的学生知道什么是教育中的"平庸之恶"。当然，我还试图通过我的描述或阐释，为读者剖析形成病症的缘由，并努力探寻理想的教育路径。

我所写的这些文字，相信大多数同行也能够写出。他人没有写，或是觉得这些事情过于平常，没有写的必要；或是遇到事情时也曾有过片刻的心动，但未静下心来把事情往纵深处挖掘，随后便不了了之。事实上，如果同行们都能够养成随时随地发现问题、思考问题的良好习惯，并及时用文字将自己的思考表现出来，便绝不会再为教育写作中的选题问题而烦恼。

二、观点需新鲜，换位思考除成见

也许有读者会说，你说的这些事情我也经历过、思考过，并写了出来，但还是没有能够在报刊上发表。这样的情况肯定存在。我想，很重要的一个原因，应该是写出来的文章观点不够新鲜，未能将"人"的旗帜插遍每一段文字。

面对同一种教育现象时，不同思想意识支配下的评价者，形成的观点必然存在很大的差距。教育写作的关注对象虽然很多，最终却必然都指向学生。学生是什么？这个问题正是教育写作成败的分水岭。如果在作者的意识中，学生只是影响绩效工资和奖金的平均分、匹配率，以及有效人数，则写出来的文章永远无法得到真正的认同。如果作者能自始至终将每一个学生都视作独一无二的生命，能清晰地意识到分数和名次仅是衡量个体学习质态的一个样本，仅是生命成长过程中的一朵浪花，则写出来的文章便有了灵魂，有了教育的良知和责任，也便能够得到认可。

即使是写作教学法探究的学术论文，也必须面对"人"的问题。一道数学题可以有五种解法时，学生需要同时掌握这五种方法吗？如果教育写作者能够换位思考，从学生的生理年龄、心理年龄的客观实际出发，从学生的当下学习需要和未来学习需要出发，便会发现，不同学段的学生对这些解法的掌握必然不同，相同学段的学生也会因现有学习状态的差异而具有不同的感知力和理解力。认识到这些问题后，阐释五种解题方法时，就会同时关注这些方法分别应该针对什么样的学情而展开，就不会因为有五种解法便要求所有学生都得学会这五种解法。

在担任特约编辑、专栏主持和论文评委的十多年间，我接触到的投稿和参赛论文中，至少70%的文章存在观点陈旧或偏颇的问题。很多的教育写作者，只将学生视作自身教学能力呈现的道具或看客，写出来的教育叙事、教学叙事、案例分析，总是充满了过分浓郁的主角气味。这样的文章，我绝不选用。

三、素材勤积累，多读多思多实践

要占有教育写作的丰富素材，无外乎三条路径：阅读，实践，观察。从我的教育写作体验而言，相当数量的写作灵感来自阅读，相当数量的论据材料也来自阅读。一个人的自身实践固然很重要，但这样的实践与亿万人千百年的实践相比，实在渺小至极。阅读的价值，就是将亿万人千百年来的实践经验或教训，移植为阅读者个体的经验或教训。

教育写作也离不开观察。本讲综述部分和第一小节中列举的那些文章，就全部来自我对日常教育工作的观察。教育写作者的观察，不是收获茶余饭后的谈资，而是透过表象寻找本原，从微观中发现宏观，从具体中提炼抽象。观察一朵花，要看出这朵花与学生生命成长的关联；观察一节课，要品出这节课与学生发展需要的内在逻辑。

倘若需要将阅读、实践与观察汇聚成一条信息高速路，则这条路的名字便是思考。阅读而不思考，大脑便只能是储藏室；实践而不思考，行动便低效甚至无效；观察而不思考，外与内便彼此隔断，无限缤纷转瞬即为烟云。只有将三者与思考融为一体，教育写作才始终拥有不竭的源头活水。思考停步，教育写作立刻停步。

需要强调的是，思考并非阅读、实践与观察的终结，而是三者的新起点。建立在阅读、实践与观察基础之上的思考，并非能够明了一切教育问题。相反，很多时候恰恰是形成了新的困惑。如此，便又需要回归到阅读、实践与观察中，需要借助阅读进一步梳理思路、拓宽视野，需要将思考中发现的问题纳入实践中进行验证，需要通过典型案例的观察与研究，在类比或对比中发现规律、寻找方法。

这便形成了一种看似无限循环实则不断提升的专业发展模式。在此模式下，主体的阅读量不断增加，实践能力不断增强，观察能力不断提升，思考能力不断完善，进入大脑中的写作素材也就日渐丰富，专业写作能力也就自然而然地降临。

四、写作无模式，厘清思维是关键

每一轮执教高三，都会有学生向我索要议论文写作的"万能套路"。议论文有套路吗？有，也没有。有套路是指几乎所有的议论性文章都离不开"引—议—联—结""叙—析—评""引论—本论—结论"等基本结构形式，无套路则是指每一个论题背后隐藏的事理各不相同，对这些事理进行认知、挖掘与剖析的逻辑思维路径也千变万化。

教育写作的精髓，在于透过各种表象探知内在的教育教学规律。实现此种写作任务的关键性元素，不在于写作时搭建了一个什么样的写作框架，而在于作者对将要剖析的问题是否了然于心。把需要论述的问题思考清楚了，理顺了事理间的逻辑层次，抓住了问题中的主要矛盾，写作时才能够抽丝剥茧，逐层深入。

很多的教育写作新手，在教育教学实践中遇到了某个值得探究的问题时，也试图将其形成文字，却往往写了一半便难以深入下去，最终成了"烂尾工程"。问题形成的根源，正在于思维能力的匮乏。教育写作中，仅有写作者自身的感性认知，便无法形成客观全面的价值评判。要让写出来的文章获得大多数读者的认可，便需要多角度观察、多层面挖掘。

教育写作中的角度，大体上包含了作者视角、同行视角、课程视角、学生视角、社会视角等类型。教育写作中的层面，亦可区分为宏观与微观、现实与未来、已然与应然等类别。无论面对的是何种教育教学问题，只要能够不断变换视角观察，不断变换层面解剖，形成的结论便能够超越作者的原初感知，逐步走向教育理性。

以学生迟到这一司空见惯的现象为例，如果你是班主任，面对迟到的学生时，形成的第一认知是什么？如果该生经常性迟到，你又会如何评价这个学生？我相信，大多数班主任会将该学生定位为行为散漫，不守纪律。如果从这一角度开始写作，则势必要探究针对此类型学生的教育方法。这个角度过于单一，很难写出有价值的文章。

换一个角度去观察和思考，便会迎来一个新的、广阔的写作空间：如果学校作息时间表上规定的到校时间是7点20分，班主任却要求学生6点50分进班早读，6点50分以后便算是迟到，则该名经常性"迟到"的学生，如果每次都不迟于7点20分，便极有可能属于故意挑战班主任对作息时间的随意更动行为。这样的挑战，从班主任的角度看属于违反了班级纪律，从学生的角度看属于争取自身的休息权。

由此再往深处挖掘，便该思考这样一些内容：班主任为何要把学校的作息时间提早半个小时？是一个班级如此，还是一个年级如此，甚至整所学校都如此？如果只是一个班级如此，背后隐藏了该班主任什么样的教育诉求？如果一个年级如此，而其他年级依照学校作息时间表的规定执行，背后又隐藏着该年级管理人员什么样的教育诉求？如果整所学校都是这样，那么为什么不直接把作息时间写成6点50分,却写作7点20分,这背后又隐藏着什么样的教育诉求?把这些问题都纳入教育写作时的思考之中,写出来的文章便由表象而深入到事理的内核。

此种思维方式,每一个教育写作者都应该逐步养成。

五、语言有特色,简洁明快不绕弯

语言是思维的外壳。教育写作者除了需要修炼思维的内功,也要注意修炼自身的文字表达功力,学会用漂亮的外壳包装丰富的思想。

如何修炼语言功力呢?最基本也最关键的一点,是表意清晰、重点突出。写作教育叙事或教学叙事时,要注意故事叙述的详略。重要的细节要善于渲染,无关紧要的内容要善于概述。要尽量不作直接议论或抒情,把事理藏到故事中,让读者自己去感悟。写作案例分析或常规性学理分析的论文时,要注意语言的内在逻辑。句与句之间、段与段之间要讲究层次结构,要善用关联词语搭建思维的逻辑台阶。做到这一点并不难,只需在写好文章后多读几遍,但凡感觉不够满意的语句便要么修改完善,要么直接删除了重新写。教育写作需要的是硬邦邦的"干货",不要把无关紧要的内容塞进文章中凑字数。

修炼语言功力,也需要注意言语的语体色彩。叙事、随笔或论文,均应以书面语为主要语体,以规范性的词汇为常用语言单位。文章要力戒口语化表述,更不能随意使用非规范的网络流行词汇。能够用规范的现代汉语表述清楚的内容,亦不能用文言语言表达。要注意避免文白夹杂。

修炼语言功力,还需要注意避免"掉书袋"。总有一些教育写作者,明明可以用自己的话语准确表达的内容,偏偏要做摘引,用一些看似高深玄妙的欧化语言把读者绕糊涂。也有一些教育写作者,引用到文章中的名家论述,对文章的意义阐释并无价值,只是为了引用而引用。教育写作的目的,本是为了呈现教育写作者自身的思想认知,舍弃了这一根本,却大量引用他人的内容到自己的文章中,显然是本末倒置。

受个体阅读经验和写作经验的影响,每一位教育写作者的语言表述形式难免存在差异，没必要舍弃了自身的语言特色而机械模仿他人的表述风格。修炼语言功力的终极目标，在于尽己之力把文章中的语言表述得简明、连贯、得体。将此三者落到了实处，则无论文章的语言是含蓄隽永、典雅优美，或是平实直白，都能简洁明快地把作品的意义传递给读者。

第 3 讲　教育叙事的写作技巧

教育写作中，教育叙事与我们的教育生活最为贴近，最能够真实具体地展示教育写作者的教育思想、教育情怀和教育能力。

从短语结构分析可知，"教育叙事"为偏正式名词短语。此种语法结构，决定了"教育"只是"叙事"的限制性定语，"叙事"才是写作的着力点，是文本的最终外在呈现形式，也是素材运用及谋篇布局的母本。教育叙事就是将来自教育生活的某些具体事件，用记叙、描写和议论等表达方式合情合理地表达出来。

严格意义上而言，教育叙事并非教育生活中的"说故事"。教育叙事的写作目的，不在于告知读者何时何地发生了何件事情，而在于用叙事"再现"特定的教育情境，为教育工作者提供观察、思考与探究的典型样本。

不同的分类标准下，教育叙事有不同的存在形式。从叙事的主题而言，教育叙事有单主题、多主题两种类型。其中多主题又可细分为并列式多主题和交叉式多主题两小类。从叙事的内容安排而言，教育叙事有"点"式叙事、"面"式叙事两种类型。其中"点"式叙事类似于短篇小说创作中的"横截面"，只抓过程中的某一突出细节进行描述，由一个"点"而映射整个"面"；"面"式叙事时间跨度大，内容庞杂，涉及的人物也多，能较为全面地再现从起因到结局的完整过程。从叙述主体与事件本身的关系而言，教育叙事有自叙和他叙两种类型。前者叙述自身的教育故事，后者讲述他人的教育故事。

下面，我们从四个方面解析教育叙事的写作技巧。

一、选材——小中见大，平中藏奇

优秀的教育叙事作品，至少具有两大特性：作者渴望表达并试图借此表达而传递出自身的教育觉解，读者愿意阅读并能从中获取某些感悟与启迪。

从写作者角度看，"渴望表达"的内容，一定是打破常规的、能够引起情感波澜和思想触动的人或事。教育生活中虽然每天都有若干个故事上演，但大多数故事不过是在重复昨天、前天甚至很久很久以前的旧脚本。能够搅动写作者的心头波澜的，要么是收获了一份特别的惊喜，比如随手写在作业本上的一段感受"激活"了一名学生的成功渴望，课堂上一次并非刻意的表扬"唤醒"了一名中等生的成长热情等等；要么是遭遇了一次突如其来的打击，比如长时间的全身心投入却换来了一个不该有的误解，一直宠爱有加的学生却突然成了严重违纪的典型等等。这样的事，在他人看来依旧琐屑而平淡，在教育写作者心中却有了不寻常的教育意义，小事情中有了大学问，平凡事中有了大智慧。

当下，教育期刊上发表的教育叙事，多以呈现写作者的教育智慧为主。这些教育叙事，或是讲述"我"与个别"问题学生"之间的交往过程，或是叙述"我"在班集体文化建设上的巧妙做法，或是介绍"我"与家长及同事间交流合作的工作实绩。这些叙事之所以能够公开发表，在于其叙述的小事、平凡事中确有出人意料的"智慧"。把这样的"智慧"描述出来，便是在推广一种行之有效的教育行为。

从读者角度看，"愿意阅读"的指向较为专业。绝大多数的教育叙事，不会具备小说般跌宕起伏的故事情节。教育叙事的阅读者对此并不存有浓厚的阅读期待之情，其阅读注意力通常在于感知故事背后隐藏着的教育原理，收获故事中蕴含的教育理性，丰富自身的教育情感。教育阅读的目的不是休闲，而是探究。

写作者的"渴望表达"与阅读者的"愿意阅读"，很多时候无法画等号。写作者认为有价值的，或许根本入不了阅读者的法眼。要想实现二者间的期待同步，教育写作者就必须懂得从阅读者的阅读需要出发选择写作素材。

什么样的素材是阅读者所需要的呢？答案不难发现。既然绝大多数阅读者的阅读目的是从阅读中发现教育智慧，收获教育理性，陶冶教育情操，则用以承载这些内容的故事本身必然包含这些元素。这些元素既无需附着于精彩刺激的故事情节，亦无需依赖于独一无二的表现内容。优秀的教育叙事，其展示的故事恰恰应该是琐碎的、平凡的、司空见惯的，是绝大多数教育工作者每天都不得不面对的。故事的精彩只在于发展过程中出现的"不同寻常"。这些不同寻常，有些来自故事主角的教育智慧，有些来自无法预知的主客观因素。"不同寻常"的背后，是相对宏阔的教育大环境和纷繁复杂的现实人生。

二、立意——尊重常识，敬畏规则

教育叙事不存在"无厘头"，无论采用何种方式叙述一件事，都必须致力于呈现这件事中蕴含的教育元素。教育叙事中的教育元素，无外乎教育理性、教育情怀、教育智慧。

受教育写作者自身教育实践经验、教育情怀、教育理性、教育智慧等多种因素的制约，面对同一件事，不同的教育工作者观察事件的角度和由此获取的思考启迪也各不相同。体现到教育叙事中，则文章的叙述视角、内容取舍、详略安排、情感倾向也都会出现较大差异。某些人认为正确的行为，另一些人则会持彻底批判的态度。某些看似精彩至极的教育"智慧"，细加分析却可能发现其中包含了很多的"反教育"成分……

什么样的立意才能真正传递应有的教育理性、教育情怀与教育智慧？概括言之，即"尊重常识，敬畏规则，顺乎人性，满足当下需要和未来需要"。

当下教育生活中，违反常识的现象并非少数。比如，相当数量的高中学校禁止学生阅读课外书籍，限制学生组织各种类型的文体活动；再如，很多地区喜欢组织全地区的统考，而且从高一到高三都采用标准化的高考命题形式；又如，很多学校热衷于以考代教，不但有期中考期末考，还有月考、周考和天天练……倘若教育写作者以这些反常识的行为为正面立意，叙述自身或同事如何将学生的思想统一到单纯应试上，则这样的文章无积极意义。

对于规则的理解，是区分教育情怀的一个标尺。规则有大小之分、真假之别。教育写作中倡导敬畏的规则,特指与师生的成长需要相适应、有利于纠正行为偏差、保障师生朝向美好目标快乐前行的各类制度条例。这样的规则,不以剥夺师生的休息权、娱乐权、阅读权、个性化发展权为出发点,不以少数人的行政意旨为起因,不以过程中的痛苦为手段。教育叙事中呈现出的教育理念,必须体现出对这类教育规则的敬畏。绝不能错误理解了规则,把强权意志当作应该遵守的规则来维护和赞美。

教育叙事离不开对人情人性的表达。教育中的顺乎人性,并非听任个体行为的自由放任,而是以人类成长过程中应该拥有的美德为基础,运用教育的雕塑功能,逐步把受教育者身上的不健康成分剥离出去,使其成为有情怀、有担当、有公民意识、有生存能力的合格人才。如果舍弃了这些品德,只引导学生追求学习过程中的"两耳不闻窗外事",追求教室前面排行榜上的名次,比赛谁睡得更晚起得更早,倡导那种亲人病故也不参加葬礼的"用功",则所叙述的教育故事,便是反人性。

此外,教育叙事中的故事,还要关注师生当下需要和未来需要间的和谐。诸如"苦干三年,幸福一生"这类的立意,无论是从逻辑上还是从现实生活中都找不到立论的科学依据。如果需要在教育叙事中表达此类主题,必须考虑师生的行为是否既适应当下的学习需要,又能为终生发展需要服务。切不可用我们的文字,宣扬"高中咬牙苦干三年,进入大学便可以轻松了"的荒诞观念。

三、结构——文体鲜明,详略精当

解决了"写什么"的问题之后,"怎么写"便成了重点内容。

无论是写作何种类型的教育叙事,"叙"都是最基础的表达方式。优秀的教育叙事,就是一篇优秀的记叙文。此种记叙文,应尽最大可能将写作者的思想、情感和教育智慧融入生动的叙述中,切勿用直接点题的议论性话语,替代了生动细致的描写。

教育叙事的开头,或是开门见山,用最精练的语言,点明故事发生的时间、地点、人物和主要事件;或是巧设悬念,把最精彩的细节放在故事的开始，突出核心矛盾；或是直接描绘人物语言、行动与心理，迅速勾勒人物性格。无论采用何种方式开头，都应迅速入题，快速展开矛盾冲突。那种撇开具体的故事不去叙述与描写，先阐述几段高深的理论的开头方法，属于典型的画蛇添足。

教育叙事的结尾，或是首尾呼应，或是卒章显志，或是移情入景、移情于事，或是戛然而止……无论选用何种结尾法，都应该懂得给读者留下思考与回味的那份"空白"。优秀的叙述者，不必担心读者读不出文章的隐藏意义。只要表达精确，设计合理，形象丰满，逻辑顺畅，读者自会收获属于他的那份独特感悟。故而，教育叙事无需在完成了故事的叙述之后，再浪费笔墨去用若干段落议论点题，阐释事理。

教育叙事的主体部分，既是故事不断发展并最终走向结局的过程，又是诉说教育理性和教育情怀，表现教育智慧的过程。主体部分的写作，重在巧设波澜，凸显人物性格，展示矛盾冲突。

如果只是自叙一篇单主题的片段性教育故事，在不影响意义表达的前提下，需尽可能少地叙述事件的起因与结果，把绝大多数笔墨集中到过程的细致展示中。这样的章法结构，属于教育叙事的主要形式。过程描绘中，应更多采用直接描写的手法，对构成矛盾冲突的双方的言行心理作生动而详略得当的展示。详写与教育理性、教育情怀、教育智慧相关的情节，略写与主题无关但在情节发展上必不可少的内容。

网络上有一些文章，倡导运用夹叙夹议的手法写作教育叙事。这样的主张并不合理。教育叙事不是教育随笔，不能用杂文风格呈现完整的教育故事。教育叙事只有坚守了记叙和描写的主要表达方式，才能写活教育生活中的独特故事，才能为读者提供一个完整的教育样本。

四、形象——个性突出，问题典型

教育叙事作品中，至少包含两个形象：教育者，被教育者。两个形象间的角色关系，直接影响着叙事时的详略安排和文本意义的表达与呈现。

如果从人物的出场先后和矛盾冲突的形成进行评判，绝大多数教育叙事作品中的主角，似乎应该是被教育者。常态化的故事情节，总是"主角"先闯了祸，违反了校级班规，然后教育者介入其中，运用自身的教育经验、教育智慧，帮助被教育者修正了原先的过错，完成了人格心理的诊疗。

然而，教育叙事的根本目的，从来都不是为了塑造人格心理不健全的特殊形象，而是为了探究形成此种不健全的多方面原因，展示疗救此种不健全的人格心理过程中的教育智慧、教育情怀与教育理性。要将这些目的落实到故事的叙述中，就必须详细生动地描述出教育者的言行与心理。唯有将教育者的所思所悟所为描绘出来，读者才能从中收获教育经验和教育智慧，才能在他人的叙事中汲取精神的营养。从这一点而言，教育叙事的主角其实应该是教育者。

采用第一人称叙述的教育叙事作品中，"我"通常是教育者。作者在叙述自身的教育经历时，很容易淡化了对自身形象的合理塑造，致使故事中的"我"要么被描绘成了全知全解的"如来佛祖"，要么被塑造成平面性的、脸谱化的教育者形象。这样的"我"，缺乏亲和力，影响着主题意义的传递与落实。

优秀的教育叙事，需将"我"描绘成血肉丰满的形象。文中的"我"，既应同被教育者一样拥有丰富的个性，又应同被教育者相异，拥有不一样的人生智慧。"我"的个性与智慧，应尽可能地通过心理活动来呈现，也可适当描绘"我"的言行神态。

塑造被教育者形象时，同样需要将其刻画成立体的、个性复杂的形象。该形象身上暴露出的问题越多，引发的矛盾冲突便越多，解决矛盾时需要的教育智慧也便越多。

需要强调的是，教育叙事中的形象，不是文学作品中的艺术典型，而是生活中的真实人物。教育叙事不是编故事，而是真实地呈现故事。因而，无论是教育者形象还是被教育者形象，都只能在真实言行、真实心理活动的基础上详略得当地选择素材，不能借助虚构手法，进行想当然的艺术加工。

第4讲 教育叙事中的误区诊疗

在我担任期刊特约编辑、专栏主持和论文评委的十多年间，几乎每天都有机会阅读到一定数量的教育叙事稿件。遗憾的是，绝大多数作品总是因为各种各样的原因而难逃被"枪毙"的命运，只有少而又少的文章，能够从大量的平庸之作中脱颖而出，成为幸运儿。

同样是教育叙事，为什么大多数人的文章满足不了期刊、专栏或评奖的需求呢？归结而言，除了其作品有违前文倡导的四大写作技巧，还因为作者的写作思维陷入了下列四大误区。

一、认知错位，误将失败当成功

先看一则短小的教育叙事，该叙事引自某教师的论坛主题帖：

班级组建初期，为了解决垃圾存放问题，更为了培养学生热爱、关心班级的良好品质，我号召全班学生找个器具存放班级的垃圾，可是过去好几天了，并没有人拿来器具。

星期六的下午，我把临时的卫生委员叫到办公室，请她星期一拿一个化肥袋子，用来放班里的垃圾。我嘱咐她："不要对别的同学说是我让你拿的，放化肥袋子时要故意让其他同学看见。"

星期一，我早早来到教室，看着袋子故作不解地问："这袋子是干什么的？"

"卫生委员拿的，用来放垃圾的。"同学们齐声说。

我竖起大拇指，表扬了卫生委员急同学所急，想班级所想的良好品质，并号召全体同学要学习卫生委员关心、热爱班级的精神。班里热爱班级的良好氛围越来越浓。

如果只从选材、结构和形象塑造三方面评价这则教育叙事，则该作品十分优秀。其选材立足现实生活中的小事而展开；其结构精致完整，详略得当；其形象塑造点面结合，寥寥数笔便勾勒出两个典型形象和一个群体形象。

然而，这却是一个很典型的"伪教育"叙事。该叙事的最大问题，在于作者的教育认知出现了一定程度的错位，误将一次失败的教育活动当成了成功。且不论这个故事的最终结果是否真的是"班里热爱班级的良好氛围越来越浓"，单是班主任的行为，就隐含着几处教育失误：

其一，班主任的号召，将自身放置到了班集体建设之外。存放垃圾的器具，按理说在开学前就应该准备好。即使当时因为忙碌而忘记了，也应该在开学后发现问题时，及时进行补救。如果是城市学校，到总务处领取垃圾篓就可以解决。若是农村学校，能存放垃圾的化肥袋应该很容易找到，为什么班主任不做这一事情，而把应该班主任解决的问题推给学生来完成呢？如果说找个垃圾袋就能"培养学生热爱、关心班级的良好品质"，那么，班主任的以身作则，不是更能给学生以启发和教育吗？因此，班主任的这个"号召"，实际上体现出的是班主任过于强烈的"管理"意识，而不是"参与"意识。班主任把自己放到了凌驾于学生之上的管理者层面上，才将本该自己完成的任务摊派到学生头上，还标榜说是为了培养学生的能力与意识。

其二，班主任的行为，在将关心、热爱集体的理念灌输到班级其他同学的心灵中时，显然忽略了这位卫生委员的心理感受。如果说面对老师的这份表扬，卫生委员还能以继续演戏的心态坦然接受的话，那么，当课后面对同学的赞扬或者嘲讽（这种情况不可避免）时，她该用什么样的心态来应对呢？面对真诚的赞美，她不能公布真相，只能尴尬地接受；面对不理解的嘲讽，她同样无法解释，只能承担攻击与讥讽。而这一切，原本都不该由她来承担。

其三，这位卫生委员本不该获得如此的表扬，却因为配合了班主任的"谋略"，充当了一次"谋略道具"，就获得了新班级内的第一次表扬。这有可能使该同学们产生一种误解：做事情就要迎合老师的需要。能够投老师所好做事，就可以获得荣誉。如此，在其他同学获得正面教育的同时，这位配合老师开展工作的学生，却获得了"弄虚作假"的"谋略"教育，这岂能是班级教育的目的所在？

由此教育叙事可见，优秀的故事必须经得住阅读者的理性分析。一旦写出来的故事中存在着作者并未意识到的"伪教育"甚至"反教育"行为或理念，则该叙事便注定失败。

二、方法失当，治标并未治根本

时常读到诸如借分给学生之类的教育叙事。在这类故事中，大多数的学生总能因为老师的这一次善良举动而激发出好胜心。然而，阅读这样的故事时，我总是想，当老师用善良呵护了学生的荣誉感和好胜心的同时，是否连带着消弭了学生的耐挫力和责任心呢？教育是多元的，我们的教师，为什么不把握时机培养学生的责任意识呢？一次考试没有考好，并不可怕，除非这个学生因为这次没考好就必须退学，否则，有什么必要借分给他呢？他成绩不理想，是客观实际。面对这样的客观实际，与其帮助学生使用自欺欺人的方法来躲过可能的惩戒，不如帮助他坦然承受失败的责任，然后帮助他在挫折中振奋精神。

下面的这个案例，引自某教师的网络论坛主题帖。虽然叙述的不是借分数的故事，但故事中教师采用的教育方法与之很类似：

"李老师，不开除他，你班的数学我不教了。"教我们班数学的孙老师气势汹汹地把我班学生刘鹏推到我身边，然后将一张纸，扔到我面前，"他用画来侮辱我。"说完，气愤地走了。

我打开纸一看，上面画着孙悟空手拿金箍棒的画，下边还写着："猴子，我恨死你了！"我问刘鹏是怎么回事，他告诉我数学课上他做小动作被老师批评了，加上平时对数学老师有意见，一时生气，就有了这个"杰作"。

我狠狠地批评教育了刘鹏，刘鹏也认识到了自己的错误。可孙老师是个个性很强的人，简单地让刘鹏向他承认错误，他肯定不会接受。

这时，我想到了"双簧"。于是，我要求刘鹏写一份深刻的检讨书给我，又让他写一份说明书交给孙老师，就说孙老师误会了，昨天他与孙运涛闹了矛盾，于是第三节晚自习时画了那张画，那张画是针对孙运涛的。并表示今后要好好学数学。孙老师果然相信了刘鹏的话。一场师生之间的矛盾就这样轻而易举地解决了。

这个案例中，"我"在哪些地方方法失当，违背了教育规则呢？

第一，师生"双簧"将一个错误信息传达给了刘鹏——犯了错误固然不好，但只要能够找到一个权力依靠，借助这个权力的影响力，就可以使得大错化小，小错化无。在这个案例中，刘鹏借用图画侮辱老师，这是大错。面对这样的错误，"我狠狠地批评教育了刘鹏，刘鹏也认识到了自己的错误"后，"我"却不安排刘鹏主动承担起自己过错导致的后果，让刘鹏诚心实意地向孙老师赔礼道歉，而是主动为学生编造假话，用假话来消弭矛盾。"我"的这种做法，看起来很精明，一场师生矛盾轻而易举地解决了，而实际上，却在学生的心灵深处种下了一粒邪恶的种子。可以设想，该生走向社会后，犯了罪或者闯了祸后，又怎么会用积极的态度承担责任呢？那时，该生一定会思考：我该撒一个什么样的谎言，把这罪行或祸端遮掩过去？谁能帮我策划这样的"双簧"呢？

第二，这个"双簧"不但不能消除刘鹏和孙老师之间的矛盾，反而加深了刘鹏对孙老师的轻视，并进而可能影响到班级其他同学一起轻视自己的老师。"我"不安排刘鹏主动找孙老师认错，而要用这"双簧"的形式来"曲线救国"，这就把两条错误信息传递给了刘鹏：一是，孙老师是个顽固不讲理的人，对学生缺乏宽容，所以即使学生真心认错，孙老师也不会原谅对方；二是，孙老师是个笨蛋，很容易欺骗。这两条信息，无论哪条储存进了刘鹏的大脑中，都不会引导出他对孙老师的尊重，而只能使他更加轻视孙老师。

第三，这个"双簧"中，班主任轻易剥夺了科任教师的育人权利，使自身沦为了"救火队长"。学生教育，是所有教师的共同责任。学生在自己的课堂上出现了问题，科任教师更是有义不容辞的教育责任。这个案例中，班主任精心安排了"双簧"之后，却既不征求孙老师的意见，也不和孙老师进行必要的沟通，更不协助孙老师采用妥善方法处理纠纷，而是把自己的教师身份转换成学生的"助手"，唆使学生弄虚作假，欺骗老师。这种做法，显然也不利于同事间的协调合作，不利于班级建设中的齐抓共管。

三方面的欠缺，决定了该叙事的失败命运。

三、情节失真，一劳永逸显虚假

真实是教育叙事的根本，离开了真实，所叙之事无论多么生动感人，也只是"编故事"，不是教育科研。

完全凭空编造的教育叙事少而又少，绝大多数的"编故事"型的教育叙事，主要情节来自生活，少量细节来自臆想。如果此种臆想只是为了增强故事的可读性，不影响教育理念的正确传递，且符合生活的真实，符合教育规则，则无多少危害。若虚拟的内容经不住逻辑推敲，不符合生活真实，有违教育规则，则此叙事便成了教育园地中的一株毒草。

下面这则叙事的片段，就明显存在着情节失真的病症。

一天下午，课代表小王一脸沮丧地来到办公室，抱怨说："老师，好多人都不交作业。""不交作业？"我陷入了沉思：发火是没用的，也就顶个几天，然后依然如旧。既然"山不过来"，那"我就过去吧"。

自习课的时候，我拿着红笔走进了教室，按顺序给学生面批作业。大部分学生见状纷纷拿出自己的作业本，摆在课桌上。那些没有完成作业的学生，见我"地毯式"批改作业，一个都不放过，也都飞速地写起作业来。一节课下来，一直俯身讲解的我腰酸背疼，但心情却非常舒畅。长期以来，大多数学生都没有养成主动问问题的习惯，而老师又不能及时辅导，致使作业本上的错误依旧。而这一次我不但批改完了班上所有学生的作业，还"新账旧账一起算"，学生们原有的一些学习困惑都得到了满意解答。

这之后，他们不但作业上交积极了，而且主动问问题的也多了。

——节选自网络文集《中华文本库·教育案例范例》

故事中的问题出在哪儿？过程与结局之间不合情理，有违生活经验。

这个叙事中，有一个不得不思考的问题：为什么会好多人不交作业？答案并不复杂，要么是因为作业难度太大，学生无法按时完成；要么是各门学科的作业量太大，无法按时完成；要么是学生群体学习习惯差，养成了不交作业的恶习。由该叙事的结尾可知，前两个原因都不存在，学生群体性不交作业，只是因为学习习惯差。

所有的习惯都不是朝夕之间养成。已养成群体性不交作业习惯的学生，会因为教师一次面批作业便一次性根除了不良习性，同时养成了良好的学习行为吗？这样的结局显然过于"心灵鸡汤"化。而且，设身处地去想，如果你是这个班级的学生，你愿意交作业，还是不交作业呢？交作业，教师批改了，发下来，"作业本上的错误依旧"，原有的学习困惑得不到满意解答；不交作业，教师面批，"新账旧账一起算"，"原有的一些学习困惑都得到了满意解答"。两相比较，显然不交作业更有利于满足自身的学习需要。

由此则教育叙事可见，仅凭"想当然"而叙述出的故事，总是经不住逻辑推敲。我在做特约编辑和专栏主持的十多年间，读到过太多的此类型的虚假叙事。似乎无数个难以破解的教育难题，只需要一次机智的谈话（或活动）便迎刃而解，而且一劳永逸。这样的故事，我从不相信。人性何等复杂，哪里能只通过一次谈话（或活动），便彻底消除了若干年时光雕刻下的印痕，同时刻上了最新最美的图画？

我在和作者交流时，喜欢告诉他们：这样的叙事，只要增添一两个句子，便合情合理。增添什么句子呢？用最概况的话语，陈述一下你在这次谈话（或活动）之后的跟踪教育。比如上面的例子，在"这之后"，得告诉读者你持续进行了较长时间的主题教育活动，终于扭转了学生不交作业的坏习惯，而且培养出了学生主动问问题的好习惯。如此才合逻辑，才真实可信。

四、情怀匮乏，高高在上充法官

在网络上随意浏览时，发现了这样一则叙事：

中午，一位同学来报告说甲a偷了甲b的一节电池。我一听火冒三丈，这个甲a怎么老是给我惹麻烦。我气冲冲地跑进教室质问甲a："你怎么能拿别人的东西？"甲a一副无辜的样子："我没拿，那是我自己的。""没拿？有人都看见你拿了，还想狡辩。"边上的同学插嘴道。我反复又问了几次，甲a始终不肯承认，一口咬定是他自己的。难道错怪他了吗？为了慎重起见，我让甲a和甲b把电池交给我，我拿着手中的电池仔细辨认起来，一对照发现俩人电池的生产日期竟然不同。我毅然向大家宣布："甲a没有拿别人的东西。"随后我让大家打开各自的铅笔盒，互相检查。这时一位住校的同学站起来举着手中的电池对我说："这是我捡到的。"我一听火了："捡的？为什么不交给老师？你明明知道我在调查这件事，害我差点误会了甲a同学。"我狠狠地批评了他一顿。作为班主任的我，感到此位学生问题的严重性，必须尽快采取措施，调整孩子的心态，端正他的思想，借此教育全班同学。

我把那位学生请进了办公室，然后用严厉的目光紧紧地盯住他。或许是害怕，或许是知道错了，他把头埋得低低的。我知道教育的时机来了，便调整了自己的心情，问他："你知道老师为什么这么生气吗？"许久他才用极低的声音说："我捡到东西，不还给同学。"我想借机套出他上次是否藏书的事，便问："这件事情的确很让我生气，但你还做了一件更令我生气的事，知道是什么吗？"他两只眼睛看着我，脑子里似乎在搜索着自己以前所做过的错事，很快我就从他的眼角察觉出一丝犹豫，我又在一旁加了一句："做人要诚实，只要你讲出来，改正了还是一个好学生。"这时他的双手有些发抖，嘴唇嚅动了一下，吐出了一个极微弱的字："书……"但这极小的声音没有逃出我的耳朵，"书是不是你藏的？"我紧接着问道。只见他点点头。事情终于真相大白了。接下来就该对他进行思想教育了。我拉过他的手，让他在我对面坐下，然后进一步问他："你为什么要藏别人的书呢？"这回他不怎么紧张了，反而理直气壮地说："他们打过我，骂过我。"啊，报复心多么强的孩子，这样下去可如何了得，我一定得把他纠正过来。于是我心平气和地和他讲起道理来："人与人之间应该互相帮助，互相关爱。不能为了一点小事而耿耿于怀，怀恨在心。人要有一颗宽容的心，才会赢得别人的爱。如果人人都像你一样你打我一拳，我还你一脚，那么这个社会还有什么安宁呢？……"听着听着，孩子的脸上流下了悔恨的泪水。我知道我的教育产生效果了，便让他回到教室去。

第二天，我利用晨间课的时间对全班同学展开了教育。首先，我把丢书事件简单地向大家陈述了一下，然后，让那位同学上台向大家道歉，保证以后再也不犯此类错误了。接着，我在黑板上写下了"宽容"二字，让学生就宽容展开讨论。大家议论纷纷，有的说："宽容就是理解，尊重别人。"有的说："宽容就是爱。"有的说："宽容就是一种信任。"有的说："宽容就是宰相肚里能撑船。"最后，我说："人非圣人，孰能无过？老师也有犯错误的时候，就拿昨天的事来说吧，我还差点冤枉了甲a同学呢，都怪老师太鲁莽了，在这里我要向甲a同学表示我的歉意。还有你们也不能用老眼光看待他人，在事情没有弄清楚之前，千万不要妄下结论，好吗？""好！"学生们异口同声地答道。

读该叙事时，我首先诧异于该教师盛气凌人的态度。在这位教师的心目中，学生出现了错误就是"给我惹麻烦"，"我"就有权力"火冒三丈"，并在不作调查了解的情况下，立刻"气冲冲地跑进教室质问"。而在面对"问题学生"时，"我""一听火了"，"狠狠地批评了他一顿"，"用严厉的目光紧紧地盯住他"。借助于这样的文字，我看到的不是教师，而是封建大家长，是高高在上的独裁统治者。

我还惊讶于该教师应对问题时的奇特"教育"方式。随心所欲地发火，不作调查地批评，诱供套供地"审案"，群众运动式地登台示众……这样的行为，竟然还被理直气壮地冠上了"宽容"与"爱"。在这位教师的心目中，真正的教育情怀严重匮乏，甚至一无所有。

这样的例子虽然较为极端，却体现了相当数量教师的真实教育情怀。此种情怀下"诞生"的一切"教育"行为，或许恰恰都在体现着对教育的颠覆与反动。

　　类似的教育叙事，或许只有资格充当反面教材。哪一家教育期刊，会宣扬这样的"教育"理念和"教育"情怀？

第5讲 教学叙事的写作技巧

此处的"教学叙事",专指对来自课堂教学中的各类事件的客观陈述。写作教学叙事时,教师以自身的课堂经历为素材,借助于"讲故事"的形式呈现特定情境中的教学行为及这种行为下的学生状态,并在此基础上进行适度的反思和意义分析,形成既具有鲜明教学个性又合乎教学规律的认知经验。

与教育叙事相比,教学叙事具有故事场景相对单一、故事指向较为集中的特征。绝大多数的教学叙事,总是发生在现实的课堂中,指向教学行为背后的教学理念与教学智慧。

从写作技法上看,教学叙事在选材、立意与结构三方面均与教育叙事大同小异。二者间较为明显的差别,在于教学叙事对故事中的人物性格不作太多关注,其叙事重点为教学技法。能够进入教学叙事中的教学技法,必须体现出先进的教学理念,展示出独特且符合规律的教学智慧。

具体而言,写作教学叙事需关注如下写作技巧。

一、立足细节,写活片段

大多数的教学叙事,以课堂教学中某个灵光一闪的片段为素材,通过对该素材的如实记录,既为写作者积累宝贵的教学经验,也为同行提供行动的参考。这样的教学叙事,无需关注前因后果,只需集中笔墨将该片段详细地描绘出来。

下面这个片段,来自我在某地开设的展示课。

在一所学校上示范课，提问一个学生时，只看见这孩子的双唇高频率地颤动，却始终听不到他清亮的声音，便眼含鼓励，微笑着静静地等待，等待这朵花的开放。那时，我知道，这是一个绝好的展示我的教学耐心的机会。这样的等待，许多名师都在他们的展示课上演绎着，收获着评课者的持久的好评。

那一刻漫长如极夜。孩子那颤动的双唇，以更高的频率颤动着。我的内心开始焦躁，但我依旧保持着鼓励的微笑。

偌大的阶梯教室里，几十位学生与几十位听课教师的眼睛，全部聚焦在我和这孩子身上。怎么办？大脑中的储存器开始超高速运转起来，5秒钟内，便将20余年来听过看过研究过的无数名师的无数教学机智案例从C盘直搜索到F盘。名师们似乎都是最终等来了花开的。继续眼含鼓励静静等候？可这课并不是为这一个孩子而开设啊。

几近绝望。真想自找台阶，说两句诸如"还没有想好这个问题吗？坐下再想一想，先听听同学们怎么说，一会儿再说，好吗？"之类的场面话，当然，说话时的微笑应该更亲切，还应有一个用手轻拍孩子肩膀表示宽容和安抚的动作。

准备放弃等待时，一丝灵光突然迸出：为什么不让这孩子到黑板上去写呢？口讷的孩子，心并不讷，写出来不是一样吗？立刻在继续保持亲切微笑的同时，俯身靠近孩子：你愿不愿意到黑板上把你想说的内容写出来？

那孩子当然愿意，双唇立刻沉静下来。他很自信地走上黑板，去写他大脑中那个憋屈了很久的答案。

看着他工整的板书，我如释重负。心中，漾出一丝浅浅的快乐，为了这个改说为写的变通。

故事其实很简单，如果使用概括叙述，一句话便能够把事情介绍清楚。只是，一句纯客观的陈述，不具备可读性，难以引起读者的有效关注，且因为过程性材料的缺乏而不具备研究价值。故而，我采用了细节渲染的手法，重点描绘心理活动过程中的波澜，顺带着解构公开课中的某些病症。这样去写时，现场感便产生了，读者可以将该过程中传递出的各种信息代入自身的教学工作中进行思考。

该片段性叙事中，属于故事起因的内容被全部省略，直接由矛盾冲突的焦点处切入。之所以交代一句"在一所学校上示范课"，是为了告诉读者，我对具体的学情不了解。这个故事如果发生在自己的班级中，则说明我对自己的学生缺乏足够的关注。发生在临时授课的外地学校，才属于课堂的"突发事件"。

故事的主体内容，我侧重描绘了我在教学过程中的心理活动，写出了我在教学过程中如何"遭遇"问题、如何处理问题，以及在这个过程中丰富复杂的内心感受。借助于这样的描写，我把自己对教学活动的探究和思考"原生态"地展示出来，读者可藉此而获取特定教学情境中的具体经验。

如果从公开发表的功利性目的出发，片段式教学叙事因为篇幅过于短小，难以独立发表。作者可以围绕一个具体的主题，将多个片段组合成文。上面的这个片段，节选自我发表于 2012 年第 7、8 期（合刊）《河南教育》的《快乐总有一组密码》。这篇文章，由六个片段性叙事材料组合而成。

二、娓娓道来，凸显全貌

片段式教学叙事之外，也可以用较长的文字，相对完整地描述一个教学环节的全部过程，甚至可以完整地陈述一节课。写作这两类教学叙事时，需多用概述或实录，必要时还需辅之以适量的议论。

下面这则教学叙事，便属于对整节课的完整性叙述。教师将这节课用教学叙事的方式呈现出来，目的在于借此课的设计与活动展示一种相对新颖的教学理念。

一次数学课上，我留了几道数学题，其中有一道是找规律题，在巡视过程中发现这道题做得相当差，有些学习不错的学生也没有做出来。课下我进行了自我反思，并就此问题作了全面调查，发现有些学生遇到此类问题觉得束手无策，有的学生静下心来能解较易发现规律的题目，但在考试中一旦紧张有时会觉得发蒙。因此，有的学生问我：解这类题有没有比较好的方法？

其实，学生提出的这个问题非常好，他们想知道这类问题中所隐藏的某种秘密。但我不想就这么直接告诉他们现成的答案。为了抓住他们的好奇心与求知欲，我让学生们搜集曾做过的，或没有做过的相关习题。有些学生想难为一下老师或其他同学，所以刻意查询了很多资料找了许多他们认为的难题，我也调整了我的教学计划，打算用一节课的时间解决这个问题，并为此作了充分的准备。

开始上课了，一组学生首先提问，其他组学生不甘示弱，绞尽脑汁，相互争论着，最终解答出来，他们脸上露出了成功的喜悦。并且有的学生直接向我提问，虽然我是有备而来，但还是故弄玄虚，作出努力探索的样子，有些学生还真为我着急了。其实我想通过这种方法引导学生学会思考，怎样入手，为什么这样想。在学生们的帮助下我顺利完成了解答，并对学生的帮助表示感谢，而他们此时是非常自豪的，准确点儿应该说是非常得意的，因为他们觉得自己很了不起，可以帮助老师了。

接下来，我来个顺水推舟，让学生观察数字规律题与图形规律题，得到的规律式有什么特点，很快他们得出了结论：有的是一次函数关系，有的是二次函数关系。这个结论非常准确，这是我所没有料到的。此时，我从心里佩服他们，给了他们最真切的鼓励：你们真了不起！然后，我又提出新的问题：那么怎样才能判断这个规律式是一次函数关系呢？带着这一问题，学生们又积极探索起来。从几道一次函数规律式问题中找到了答案：当因变量的差除以相应自变量是常数时，就是一次函数关系。那么，其他情况一般就是二次函数关系了。带着学生自己得出的结论，我们展开了应用大练兵活动，通过一番实战，有些对结论持有怀疑态度的学生也打消了疑虑。

——节选自新浪博客"窑上小学课题组的博客"，作者毕清风

该则叙事全部采用概括叙述的手法，简约介绍了活动的起因、构想和课堂活动的全过程。这样的教学叙事简单明了、主题突出，既真实地再现了课堂的活动纲要，又把教师可贵的教学经验传递给读者。

如果从增强文章可读性的角度作进一步修改完善，该则教学叙事还可以

对第三、四两段文字作深加工。比如，可以将"不甘示弱，绞尽脑汁，相互争论着，最终解答出来，他们脸上露出了成功的喜悦"之类的叙述性文字，转化为细节描写。需要注意的是，细节描写不只是为了文字的生动，还可以真实再现学生的思考过程。将学生在教师引领下一步步走向数学的理性王国的全过程生动地描绘出来，有利于为读者提供更详尽的借鉴材料。

三、关注生成，展示智慧

波澜不惊的课堂势必缺乏教学风景，优秀的教学叙事总是要打破常态，描述出与众不同的教学机智与应对策略。"打破常态"不能虚构情节，少部分可以借助精巧的预设在课堂活动中有效创设，大多数需要及时捕捉课堂上的临时生成。

写作该类型教学叙事时，需先用简约的文字概述出临时生成的问题，然后重点描述针对该问题组织的教学活动，最后适当阐释此种教学活动的价值意义。描述活动过程时，既可采用陈述性语言概述活动进程，也可采用片段实录的方式再现场景。

下面这则教学叙事，就是对课堂上临时生成的一次探究的详细记录。原文两千余字，此处省略了学生发言的具体内容，只展示活动的流程。

教学鲁迅先生的名著《阿Q正传》，指导学生赏析到第七章"革命"时，一个学生提出了疑问："阿Q为什么说第一个该杀的是小D呢？按理说，赵老太爷和赵秀才之流，时常地欺辱阿Q，而且还逼得阿Q倾家荡产，无法在未庄生存下去，阿Q最先杀赵家父子才符合情理的。"

学生在课堂上能够通过学习发现问题，这是值得高兴的事情，它也符合生成性课堂的教学规律。于是，我对提出问题的同学进行了褒扬，又把问题抛给了全体学生："请大家就这个问题讨论一下，想想看阿Q为何如此痛恨小D呢？"

各讨论小组在经过热烈的讨论之后，各自推举出了中心发言人。

一组的女生说：……

二组的男生说：……

三组的男生说：……

学生抓住了"奴性"，这很让我满意。但我不想就此结束这个问题，于是，我把问题荡开来，提出了新的问题："阿Q身上为什么会有如此的奴性，他不是很自尊很自大的吗？除了阿Q，未庄的其他人身上有没有这种奴性？"

学生们很快归结出了小D的奴性、赵司晨赵白眼的奴性和未庄闲人们身上的奴性。

至此，课文中这个知识点已经赏析完了。然而我还是感觉不满意，又提出问题："鲁迅先生曾经在一篇文章中，很巧妙地揭批过整个封建社会中国民的奴性，他把一部中国历史形象地划分为两个时期，大家还记得是什么文章吗？先生的观点是什么？"

《灯下漫笔》是我们学习过的课文，学生们对此不陌生。正确答案很容易就产生出来了。

我想把问题再深入下去，便再次置疑："两千年的封建史，造就了无数具有奴性的人。应该说，奴性是一种堕落，一种阳刚气的丧失。同学们能不能概括一下，'奴性'通常有些什么样的特征呢？"

课堂气氛活跃起来，学生们概括出了诸如奴颜媚骨、溜须拍马、臣服强权、逆来顺受等众多观点。

"奴性有没有随了封建王朝的覆灭而消失？在当下的中国，我们还能见到这种带有封建时代特色的奴性吗？"我把问题引入到现实生活中，这是我的目的所在。

学生们陷入沉思中。

"我觉得当下的许多国人，依旧是奴性十足的。"喜欢思考的课代表抢先说，"……"

课代表的发言赢得一片掌声。

"……"又一名同学如此说。

"……"这是一个有点愤世嫉俗的学生。

……

学生的观点越来越多，其中有些已经超越了奴性的范畴了。

我很高兴学生们能够用自己的眼光来观察现实生活。虽然他们的观点不无片面和偏激，但却体现出了一个时代青年所应该具有的关注社会关注民生的责任感。这种责任感，和五四时期的"铁肩担道义，妙手著文章"是同样难能可贵的。在相当多的人一门心思经营物欲的时候，我们的学生还能保持了一份清醒，保持了一腔热血，这就是我们的教育的成功。

最后，我作了总结："……"

我为什么要在课堂上开展这样的活动，又为什么要把这个活动记录下来，形成一篇教学叙事呢？答案已包含在叙事之中。此种教学安排和写作目的，在于为读者展示一种不同于寻常教学行为的课堂活动新形式。在2004年的特定教学背景下，此种教学技法响应了新课程改革对语文教学人文情怀的召唤，为语文同行提供了一种可以借鉴操作的范例。该教学叙事后来发表于2006年6月14日的《中国教师报》，题目为"小D为何第一该杀"。

四、切合规律，授人以渔

绝大多数的教学叙事中，叙述者就是故事的主人公，在教学活动过程中发现并提出某个问题，思考并进行问题的解决。此种双重身份，有利于呈现教学现场的真实情境，展示故事的本来面貌，抒写独特的内心感受，但也容易形成教学认知上的自我遮蔽，误将有违教学规律和学生身心发展规律的错误举措，当成具有积极意义的教学探索。

如何才能区分课堂中的活动是否符合教学规律，是否值得用教学叙事的方式记录并传播呢？方法有四：

第一，以课程为镜，照出课堂活动的真伪。语文、思想品德、历史等人文学科的教学活动，时常有"耕了别人的地，荒了自己的田"的怪现象发生。如果课堂上组织的教学活动，虽然形式上很热闹，学生也很投入，很开心，但其活动的内容与学科知识并无直接关联，则大体可判断该活动为无效教学行为。

第二，以理念为尺，量出课堂活动的短长。优秀的教学叙事，必须传递出先进的教学理念。落实到具体的课堂活动中，至少应保证所有的活动主角是学生。如果看起来很得意的课堂细节中，教师始终高高在上，操控着课堂上的一切活动，学生只是配合教师演出精彩故事的群众演员，则这样的课堂活动无意义，不值得写成教学叙事。

  第三，以思维为温度计，测出课堂活动的冷暖。热闹的课堂，不一定是好课堂。真正优秀的教学活动，一定以最大程度地激活学生的学习思维为目标，让学生在活动中发现问题，探究问题，解决问题。如果教师在课堂上组织的活动，不能构成有效的问题探究情境，只让学生在浅层次问题上热热闹闹地"合作探究"，则此活动不具备教学研究价值，不必写成教学叙事。

  第四，以能力为试金石，验出课堂活动的优劣。优秀的教学活动，需始终致力于将静态化的知识转化为动态的能力。仅以单纯知识传授为目的的教学行为，无论采用何种手段（比如汉字听写大赛、中华古诗词大赛、一站到底式知识竞赛等等），都无法用热闹的表象掩饰其低效的行为。只有打通了由知识向能力转化的必由之路，教学活动才真实高效，才具有教学研究价值，值得写成教学叙事。

  由此四点可知，一切教学活动均应把课程、学生、思维、能力放在重要位置。能够在教学中有效落实这几方面的要求，教学活动便具有合理性，便值得研究推广。脱离了这四点，则再"精彩"的活动，也只是形式上热闹，不具备真正的教学研究价值。

第6讲 教学叙事中的注意事项

即使是最善于写作教学叙事的教师，也无法将每天的教学内容都写成有价值的教学故事，因为教学叙事在情节之外，更关注过程中体现出的教学理念、教学技能和教学智慧。绝大多数的课堂活动，虽不乏应有的教学理念、教学技能和教学智慧，但这些教学理念、教学技能和教学智慧多停留在常识阶段，几乎人人皆知，不具备探究与推广价值。

值得形成叙事文字的教学理念、教学技能和教学智慧，必须具有新颖、独到、精巧、顺应规律等特性。文字承载的只能是代表了教学的应有发展方向、体现了教师的应有教学情怀和教学机智的相关信息。任何有违学科课程建设需要、有违教学规律、有违学生身心健康发展需求的行为，都不应该成为教学叙事关注的内容。

写作教学叙事时，需注意下述四方面的问题。

一、忌虚假叙事，宜真实呈现

真实的故事中，才有真实的理念、技能与情怀。要借助教学叙事呈现教学中应有的技能与方法，就必须客观、详尽地展示"原生态"的活动过程，绝不能因为教学活动中存有某些瑕疵，便从最理想的视角进行人为粉饰，臆想出一些"想当然"的师生对话活动。这一点，前文在探究教育叙事的写作误区时已作强调，此处重申的目的在于引起读者的高度重视。

一般情况下，采用概括叙述的方式呈现课堂教学全过程的叙事性文字，内容相对真实可信。一旦涉及过程中的细节描绘，尤其是师生对话，便容易出现杜撰现象。原因其实也很简单，绝大多数时候，我们无法预知课堂上的精彩会在何时出现，未能事先作好录音录像的准备。等一节课上完了，有了闲暇时间撰写教学叙事时，只能凭记忆二次创作，写出来的语言便不再是学生的语言，而是教师自己的语言。

下例中对课堂上学生发言内容的陈述，就缺乏可信度：

教学《小团圆媳妇之死》时，为了引导学生认识人性的复杂，我提出了这样一个问题："善良人的心中也有阴暗面。萧红在小说中是如何把人性的复杂性、多面性表现了出来？"

学生的发言很有深度。一个学生说："小团圆的媳妇走路快、不害羞、吃得多、不顺从，他们认为她不像小团圆媳妇，但这其实都是正常的自然人性的表现。封建传统的伦理道德对女性行为早有界定和规范，女性要低眉顺眼卑下顺从，而表现出正常人性的小团圆媳妇是不合要求的，他们就把她视为异端，认为她有病。"

另一个学生说："他们的行为心理是受思想观念支配的，归根结底是来源于当时的社会环境。封建愚昧的思想已经笼罩社会两千多年，生活在其中的他们习惯于按照旧风俗、旧习惯思考和做事。同为女性，她们本性善良却充当了刽子手角色，是害人者又是受害者。她们受封建思想束缚毒害而不觉，自觉因循男权中心的陋习惯例，并去规范和约束下一代人。"

——节选自《语文教学通讯》，2016年第7、8期合刊

倘若学生果真能够在课堂上即兴说出如此精彩的话语，则这样的学生，哪里还需要语文教师劳心劳力地教？事实上，大多数学生的课堂发言都是零碎、非连贯、逻辑不周延的。这样的语言，恰恰能够显示学生的真实阅读能力与表达能力。当教师将来自学生的碎片化语言加工成了逻辑严谨、用辞典雅、信息丰富的精彩语段后，失去的便是对真实学情的有效探究。

二、忌主题不清，宜目标明晰

一则教学叙事，应集中陈述一个目标明晰的教学故事。写作之前，便应思考清楚，该教学行为中包含了一种什么样的教学理念，又是什么样的活动落实了此种理念。切不可只把注意力全部放在故事的陈述与渲染中，忘记了教学叙事的根本目的。

为数不少的教学叙事，存在着"重叙事轻理念"的缺憾。写出来的文章，虽是叙述了一个相对完整的教学故事，却无法从故事中解读出先进的教学理念，亦无法归纳出清晰的主题意义。这样的故事，只是告诉读者"我"在课堂上做了这样一件事，至于为什么要这样做，其中包含了什么样的教学规律，蕴含了何种教学技巧和原理，不但读者不清楚，作者也没思考过。

下面这个片段，便很难解读出应有的教学理性：

又要教《林黛玉进贾府》了。上一届教，动用了视频、音频等手段，把相关的"金陵十二钗"判词改编的歌曲啊什么的都给学生下载好，足足讲了一个多星期，效果还可以。可能由于学生接触过老版本的《红楼梦》，所以多少还可以产生点共鸣，其实当时我就在感叹了：很多学生实际上都没有看过这个版本的，因此效果只能算将就。当年的PPT做得那个好啊，只可惜后来U盘中毒了，全给我毁了。

昨天一同学来谈论读名著的问题，我就和他谈到《红楼梦》，一谈才发现，书是"四大名著"，但一旦拍成影视剧，人物形象一定位，那就真的是一个年代的人有一个年代的审美倾向——我们70、80年代的人认为87版王扶林导演的《红楼梦》好看，但现在的90后就不一定认同了，李少红导演的新版本可能才是他们的最爱。虽然大家都在说，在新剧中林黛玉太肥，薛宝钗太瘦，但学生就说了，现在的人物那叫一个漂亮。是啊，这一点我也得承认。87版的人物有些的确不敢恭维，比如三春啊，李纨什么的，现在你要人家小同学硬要说那是"十二钗"啊，简直要她（他）的命！

有的人会说，那陈晓旭是美女了吧？符合小说中的人物形象了吧？我给你说，那倒不一定，说不定现在的小年轻就喜欢略带婴儿肥的林妹妹呢！所以啊,时代在前进,你就从了吧!

我得感谢那该死的U盘中病毒了,免得我今年又拿着它来上课,那可要把学生折磨死了——老师认为自己找的资料那个好啊,学生们为何没有兴趣听课,光打瞌睡呢?实际上,这就是我们当老师的悲哀之处。

——节选自新浪博客中某教师的博客文章

这则叙事,在表现形式不严谨之外,更大的问题是主题不清。作为教学叙事,作者呈现出的故事,既似乎是为了告诉读者视频文件应选用新版《红楼梦》的,不能用老版本视频服务当下的教学;又似乎是在说现在的学生的审美观与以前的学生不同,教师应顺应现在学生的审美需要;还好像是说课堂必须用对了资料,才能激活学生的听课兴趣。作者恰恰忘记了最重要的一点:学习《林黛玉进贾府》为什么要依靠视频资料来教学,而不是引领学生沉潜到文字本身?

由此案例可知,教学叙事的写作只陈述做了什么远远不够,一定要想清楚为什么要叙述这个内容,渴望传递出什么样的教学主张。只有理顺了这一点,写出来的叙事才能目标清晰,内容具体,具有较强的学术价值。

三、忌理念滞后,宜领先潮流

即便是写出来的教学叙事拥有了明确的主题,传递出清晰的理念,也还存在着该理念是否顺应了教学发展需要和特定时代背景下学生成长需要的问题。任何时候,教学都必须服务于学生个体的成长需要。能顺应这份需要,尊重成长中的智力差异和能力差异,并想方设法创设活动情境弥补此种差异的行为,才是值得倡导的。先进,不等于"新出现"。"因材施教"的观念诞生了两千多年,依旧是先进理念,依旧有资格领导教学的潮流。反之,很多昙花一现的"新教法",刚出现时热热闹闹,一段时间后便销声匿迹。此种"新教法"便算不得理念先进,也无法真正领先潮流。

且看下面这个教学叙事片段:

坐在电脑前浏览着今日的新闻。孰料一条消息令我触目惊心：一位父亲驾车疾驶在高速公路上，轿车突然起火，形势十分危急，经过的车辆纷纷停下，人们聚拢来救险。浓烟中，那位父亲经过努力，破门而出，虽然多处烧伤，所幸无生命危险。当人们扑灭熊熊烈火，却惊异地发现，汽车的后坐上，有一具已烧焦变形的娇小的躯体。医院急诊室中，那位父亲"惨痛"地哭诉："忘了，我真的忘了！从车中逃出半小时后，我才想起，自己的孩子还在车上！"

"头脑中一片空白"，这就是我看完消息后最切实的感受。在这样一位父亲面前，任何责骂的语言都显得苍白而无力！父爱如山啊！可谁又能解读得了这样一种在危难面前只顾自己逃命而将孩子的生命抛于脑后的行为呢？

上课铃声突然响起，打断了我悲凉的思绪，带着极其沉重的心情，我走进教室。今天该讲第二十七课《斑羚飞渡》，"一群被逼至绝境的斑羚，为了赢得种群的生存机会，用牺牲一半挽救另一半的壮举，在'伤心崖'上划出一道美丽的彩虹"。每一个读完文章的人都会受到精神的震撼，都会重新认识这个万物共生的世界。

我突然意识到，刚刚读完的消息，与文章的内容有着某种必然的联系，一种关于"亲情"的思考，在我的头脑中迅速地产生。我该怎么做？备课时，我已经准备了一段优美的语言来导入新课，并已设计好了整节课的教学过程。这节课，一定要完成对"镰刀头羊"以及最先跨越悬崖，摔得粉身碎骨的老斑羚的形象分析，下节课才能进一步挖掘文章的思想内涵，万一引入刚刚看过的新闻，教学内容就要完全改变。

我还是说出了今晨读到的那条令我现在仍耿耿于怀的消息。没想到，一石激起千层浪——

"可能当时情况危急，或者根本没有办法……"

"错！这个人简直就是畜生！"

"也错！他连畜生都不如！"

……

孩子们的语言虽然有点过激，但我知道这是他们真情的流露，所以没有制止。讨论逐步深入，母爱的伟大、父爱的崇高、亲情的至高无上、人类的悲哀、人与自然的和谐共处……虽然有点杂乱无章，但却都是发自内心深处的对良心的拷问与深沉的思索。

我也被深深地感动着，虽然我违背了最初的教学设计，但在很大程度上，这节课是对明天讲授《斑羚飞渡》的最好的铺垫。

下课铃声响起，但孩子们却久久不肯离去……

任何一节课都会有"意外"发生，不要固执地坚持已有的设计思路，把课堂真正地还给学生，这样的教育，才来得自然、来得亲切！

——节选自新浪博客中某教师的博客文章

此则叙事，放在数学课上行不行？数学老师看到这个新闻后，也同样可以组织学生进行这样的讨论。学生也同样会义愤填膺。数学老师稍加引导，也同样能让学生的思维跳跃到母爱、父爱、亲情等主题之上。同理，英语课、物理课、历史课等等，所有学科皆可为之。

其他学科的教师多不会这样去做。因为他们清楚地知道，此方面的教育并非其学科的课程目标。语文学科却常常乐意于这样去做，并认为这是对学生进行人文情怀的教育，是"把课堂真正地还给学生"，是"来得自然""来得亲切"的教育。此种认知，貌似先进，实则远离了语文课程。

倘若从语文学科应有的教学理念出发，则教师该如何处理此教学细节，又该如何写成一篇优秀的教学叙事呢？第一，教师必须引导学生理性分析问题，而不是不经大脑思考便出口骂人。教师应该不断创设问题情境，引导学生多角度探究该故事背后的人情人性，培养学生面对同一则素材多元解读的能力。第二，应结合即将开始的《斑羚飞渡》的学习能力培养而组织活动，引导学生跳出简单道德评价和道德陈述的思维局限，推知故事的作者意义、作品意义和读者意义。要把活动与对话尽量引向语文学科知识与能力，而不是引向思想品德课的知识与能力。如此，课堂活动才属于语文活动，教学思维才是语文学科的教学思维，教学叙事才是语文学科的教学叙事。

四、忌以议代叙，宜文体鲜明

在题为"归于文本　臻于至境——《兰亭集序》教学叙事"的文章中，作者这样"叙述"其教学设想：

如何理清王羲之在《兰亭集序》中的感情变化以及生死观呢？

首先请学生找出直接抒发感情的语句，学生会很快找到"所以游目骋怀，足以极视听之娱，信可乐也"，"古人云：'死生亦大矣。'岂不痛哉"，"后之视今，亦犹今之视昔，悲夫"。然后分别研究乐、痛、悲三种情感的缘由，请学生从文本出发找到乐、痛、悲的原因。

学生会找到乐的语句，这里有良辰：暮春三月，草长莺飞，一片生机；这里有美景：茂林修竹，清流激湍；这里有乐事：休禊事也，流觞曲水，祈求幸福，饮酒赋诗；这里有赏心：一觞一咏，畅叙幽情。通过分析文本，从与会人物、周围环境，以及流觞的情景，体会天气好，视野广，人心乐。

但是如此之乐，却为何突然转痛呢？岂不突兀，岂不荒诞？学生会纷纷表达自己的看法，但是老师要积极引导学生关注文本，找到理由。实际上是有些突兀，但是并非不合理。因为乐极生悲，乐而思忧，文本上体现为"人之相与，俯仰一世"，自然而合理。

痛的来源比较复杂，可分为三方面：一是时间之快，"欣于所遇……老之将至"；二是欲望难足，"情随事迁，感慨系之"；三是终将灭亡，"修短随化，终期于尽"。综上所述，岂不痛哉！

悲来自后之视今，亦犹今之视昔。面对人生的乐痛悲，不同人会有不同的选择，有的人会选择自杀，有人会选择迷茫，有人会选择决然。王羲之会怎样选择呢？他感性地抒发，理性地看透，踏实地选择，即"列叙时人，录其所述"，而且非常清醒地懂得了历史的变迁，即"后之览者，亦将有感于斯文"。作者认为生就是生，死就是死，二者不得等量齐观，暗含有生之年应当做些实事，不宜空谈玄家之意。

这样梳理下来，如此复杂而艰涩的问题就这样简单地处理清楚了，其原因就是始终遵循着文本，一切从文本出发，充分地体现了驾驭教材的技巧，从而使语文教学达到至善之境。

——节选自"百度文库·语文教学叙事"

这是教学叙事吗？当然不是。教学叙事是对已经完成的教学进行回顾而形成的文字，是对课堂真实教学情境的再现。而此篇文章，是教学设想，是尚未发生的教学行为。

此外，该文的写作重心在于阐述"驾驭教材的技巧"。文章的第一段列出了需阐释的重点问题，随后两段则是运用设想中的可能性活动，梳理出课文中表达几种情感的相关词句。第四段则又转到情感转折的合理性探究中，但又只是强加了"并非不合理""自然而合理"的结论，却没有具体可信的分析。第六段则全部采用议论手法，分析王羲之的生死观。这些文字，叙述性内容欠缺，更没有细节性的描写，反而是议论占了很大的篇幅。如此，文章更应该属于文本解读，而不是教学叙事。

类似于该文的"教学叙事"，在网络上还有很多。此种挂了"叙事"之名却进行学理阐释的文章，算不得真正的教学叙事。当然，这样的文章可以写，后面会用专门的文字介绍。只是从教学叙事的文体而言，这样的结构不合规范。

第7讲 教育案例分析的常见结构

日常教育生活中，案例分析是使用频率最高、用途最广泛、最贴近工作需要的一种教育研究形式。从结构上看，案例分析由案例陈述和分析阐述两部分构成。其中，案例既可来自自身的教育生活实践，也可以来自同事、学生、家长，以及其他社会成员身上的教育故事，还可以来自他人的教育叙事或其他类型的教育文字。比如，遇到了一个较为棘手的教育问题，事后围绕着它进行了认真的思考剖析，便是完成了一篇脑海中的案例分析；两位教师闲聊时针对班级中新近发生的一件事各自发表了自己的观点，并从多个方面寻找证据印证自己的观点，便属于口头创作了一篇教育案例分析；偶然间发现了一种不正常的教育现象，心有所触，便拿起笔对此种现象进行深入的分析和系统性批判，便是书面创作了一篇教育案例分析。可以武断地说，所有的教师都或多或少地"创作"过教育案例分析的"文章"。只不过大多数人仅仅是用大脑、用口进行"创作"，并未形成理性的文字。

与大脑中想一想、口头上说一说相比，白纸黑字的教育案例分析更有利于系统性阐释表达者的教育见解。毕竟，文字形成的过程中，表达者有相对充裕的时间去作多方位的思考探究，甚至可以为了更好地表达观点而先期阅读大量的理论资料。如此而诞生的文字，必然更具教育理性，更能够客观公允地阐释事理。

教育案例分析的常见结构，有下述四种类型。

一、完整叙事，详尽解析

此种结构由明晰的两部分内容构成。前一部分陈述案例，后一部分针对案例内容进行学理剖析。其案例陈述的内容，类似于一篇相对完整的教育叙事；其学理阐释的内容则类似于一篇材料作文，必须不脱离叙事材料的意义进行多层面多视角的解剖。

该结构的写作难点，在于观点的提炼。一则完整的教育叙事中，往往包含很多的教育问题。针对该叙事进行的案例分析，必须只集中笔墨剖析作者最有感触的一个问题，才能主题明确，把事理说深说透。

该结构的写作重点，则在于思维的逻辑性。分析事理时，需不断变化视角进行观察分析。比如，可以先从最浅近的客观现象入手，探究表象背后隐藏的意义，再剖析形成此种意义的社会文化因素。

在本书第4讲中，我针对四则存在不同类型问题的教育叙事进行了剖析。四节文字在结构上都采用了先完整展示他人教育叙事，再针对该案例内容进行集中剖析的写作章法。这四节内容，均可作为"完整叙事，详尽解析"的示例材料。

比如，在剖析第一则教育叙事时，我提炼出的关键词是"伪教育"。因为，我从这则叙事中，最先获取的阅读感受是班主任的行为会对生活委员构成心理伤害。基于这样的"第一印象"，我便不再关注叙事中存在的其他问题，而是把笔墨集中到对该班主任的行为心理的分析上。我认为，这是该类型问题产生的根源。

如何让分析既合情合理又有思想深度呢？我采用的方法是先解析班主任的角色定位问题，再探究班主任此种行为带来的直接影响，然后探究其行为的长远影响。之所以作这样的结构安排，是因为后两点影响，都建立在班主任角色定位错误的前提之下。这样的分析结构，符合事理发展的逻辑顺序。

将此种分析结构拓展至所有的教育叙事，即要求案例分析者在陈述相关教育叙事之后，能够依照事理发展的先后次序而合理安排分析层次，应本着"先分析当下，后探究未来""先归结直接原因，再剖析间接原因，最后抵达问题根源"的思维路径，从人物的行为心理、社会环境影响、普世价值诉求、终身发展需要等视角展开多元探究。如此，才能"见人之所未见，写人之所未写"。

二、叙议结合，循序推进

如果面对的是一则篇幅较长的教育叙事，则进行案例分析时不必全文引用原叙事至文章中，只需依照写作需要，节选其中的部分语段逐段展开分析。

节选的规则是保持选取内容的意义完整。而且，节选的语段要注意意义的相对独立，切勿几个语段意义交叉，更不能完全属于同一视角下的同一见解。节选语段的标准是以一个核心论题为主干，串联起若干既相互独立又互为支撑的意义单元。如此，每一个节选语段均可提炼出一个相对明晰的分论点，随后进行的分析才能立足核心意义而各个击破。

下面这则案例分析，是我阅读著名特级教师王君的一则教育叙事后撰写的。我认为，此文较好地落实了上述主张：

"您聪明美丽，激情四射，才情万丈！您是富有激情的精灵，是才华横溢的川妹子！您有远大的志向，您有踏实的吃苦精神！集美貌与智慧于一身的您是西山的时尚代言人。您就是'最激情佳人奖'获得者——××老师。"

……

别以为这样的惊喜，只有××老师这样的出类拔萃者才"有幸"获取。再看一段颁奖词吧，相信您一定会为这颁奖词中的人情之美而深深感动：

"乍看您有点儿严肃，细品您很细致温柔。不善言语，心中有数。诚恳待人，稳重宽厚。您和您的保安团队是我们西山学校大门的守卫者，这把钥匙交给你们我们100个放心！特将'最柔情保护神奖'赠予您和您的保安团队。"

在绝大多数学校，保安、厨师、清洁工们，因为大多不属于学校编制内员工，极少有机会享受到学校的各种福利待遇，更谈不上在人格上拥有和教师同等的尊严。也正因为如此，保安、厨师、清洁工们也很少能对学校形成心理上的归属感和认同感，只是将工作视作养家糊口的谋生手段，不能也不愿创造性地开展工作。

××老师所在的这所学校，却将保安、厨师、清洁工们全部视作学校建设中不可或缺的一分子，将他们和全校师生一起，放在同等人格价值的位置上予以尊重，如此，则不但保安们会因为这份尊重而生成心理上的认同，而且师生们也会在心目中确立起一份众生平等的价值认同。这样的认同，必将反过来，激发出全校师生员工的工作与学习热情。

这就是管理的人性力量，这就是管理中最能形成凝聚力的人性力量。也可以说，这就是管理学中真正的精致化。

眼下，很多地方的学校，都在强力推进精致化管理。遗憾的是，绝大多数的所谓精致化，都是以冷冰冰的数据量化为管理出发点，以琐碎到令人无所适从的诸多规章制度为管理的手段。这样的管理，表面看来，赏罚分明，体现了规则面前人人平等的法制特征。实际上，却漠视了人这一有血有肉的被管理者内心深处细腻敏感的情感体验。如此，人成了规则条例的奴隶，工作与情感都必须围绕着管理所划定的圈子转，没有了工作中的创造的快乐，没有了情感中的认同，也就没有了主观能动性的充分发挥。这样的学校，尽管每一项工作都能够中规中矩地完成，怎么能产生出具有宽阔胸襟和真挚情怀的大写的教师？又怎么能培养出志存高远、兼爱天下的大写的学生？

……

文中的两处省略号，省略了近两千字的事理剖析。仅从提供的内容看，该案例从王君老师所在的人民大学附属中学西山学校完整的颁奖活动中精选的这两则颁奖词，一则指向全国著名教师，一则指向默默无闻的保安团队。这样的选材代表性强，有利于在对比中揭示深刻的道理。有了这两个案例片段和紧随其后的事理分析，便有了逐层深入的论证结构，有了由浅入深的意义阐释。

三、抓纲带目，夹叙夹议

有些时候，构成案例分析的案例材料，仅是一个标语、一句话、一个细节。写作该类型案例分析文章时，就需要将这一个标语、一句话、一个细节，同生活中的类似素材结合起来，形成意义表述更为清晰、内涵信息更为丰厚的意义阐释"共同体"。在这个"共同体"内，拓展到文章中的生活素材，既可充当论据材料，也可为纵深议论提供新的论点。文章叙议结合，夹叙夹议，环环相扣，将分析推向深入。

且看下面这个案例分析片段：

第一次坐飞机，是从南京飞西安。

坐在数千米的高空，看机翼下无边的云，最大的感受，是云从未如此的壮观。当时便想，只在大地上仰望，便永不会拥有这份俯视的感觉。

生活与工作莫不如此。

当工作的一切环节和过程，都只围绕着冷冰冰的量化数据和可怜的奖金献媚时，隐藏在工作上端的快乐，便总会因仰望而被厚厚的云层遮蔽。要感受快乐，就必须攀升到这云层之上，以俯视的角度、旷达的心态，品味其中的美妙韵味。

这样的攀升，本身也是一种快乐，虽然有时有超重的难忍，有心脏的威压，但这是过程中无法避开的付出。倘若换一个角度思考，没有了这样的体验，人生是否又会因少了一种感受而失去了一份情致？

曾经将一句话当作人生的座右铭，写在字典和相册的扉页：一切都是生命的点缀，太阳每天都是新的！写下这话时，大学正要毕业。转眼间，工作竟然已经25年。25年中，一切的确都是生命的点缀，曾经认为难以逾越的沟沟坎坎，眼下都不过是身后路上的一个个小小风景。太阳也依旧每天都在升起，这每一轮升起的朝阳，带给我的何尝不是充满希望的新的一天。

这么想时，眼前便总是云淡风轻。这云里风中，轻飘着一个个快乐的密码，召唤着尘世里的有缘之人。

我愿自己永远是能够找寻到快乐密码的人，我愿带着我的孩子们，一起快乐地行走在教育的田野里，让他们感受当下教育的快乐与润泽，过一种幸福而完整的教育生活。

——节选自《快乐总有一组密码》，《河南教育》，2012年第7、8期（合刊）

该片段以坐飞机时偶尔生成的感悟为案例，以生活与工作中类似体验为意义阐释"共同体"，立足于"只在大地上仰望，便永不会拥有这份俯视的感觉"这一意义总纲，带动起多方面的价值剖析，在夹叙夹议中展示了个性化的生命觉解。这样的案例分析片段，贴近生活，关注生命，既有情感又有理性。

四、引议联结，立体阐释

写作议论性散文时，"引、议、联、结"是常见的结构形式。其基本特征为：先引述相关材料，并从中归纳出核心论题或核心观点，然后针对该论题或论点展开必要的分析，接着由此而展开联想，将论题引向广阔的社会文化生活，最后收拢全文，形成结论。

这样的结构，同样适合于案例分析。运用此法分析相关案例时，不必完整转述案例材料，只需用概括性语言简述案例，并由此而形成明确的观点，即完成了第一环节的写作任务。

在"议"的环节，需注意说理的角度转变。一般而言，可分别从教师视角、学生视角、教育视角、社会视角和未来视角对案例进行剖析。案例分析中的"议"，为文章的核心。从篇幅上看，应占据全文的60%以上。

案例分析中的"联"，无需作过度拓展。"联"的价值，在于形成类比或对比。"联"可独立存在于"议"之后，也可结合到"议"的过程中。当文章需要从不同视角展开分析时，每一个视角下，都可以先"议"后"联"。

"结"是文章的"收官"之处。下围棋的人都知道，"收官"对整局棋至关重要。中盘时占尽优势的人，"收官"没把握住，极有可能"丢城失地"，把"大好河山"彻底葬送。中盘处于劣势的人，"收官"时步步为营，攻城略地，也可反败为胜。案例分析中的"结"，虽无关地盘多少、胜败如何，却既可呼应开头处的案例，又可卒章明义，凸显核心观点，还可巧布疑阵，在看似无结论的阐述中把读者引入思维的纵深处。

下面这个案例片段，可充当"引议联结"结构的样本：

为什么越是高年级，常识课上的纪律越难维持？为什么"我提高嗓门声色俱厉吼了一声，教室才暂时平静了。可当老师一讲课，下面又成了市场"？为什么"我教学的社会课采取竞赛方式，一下子就调动起了学生的学习积极性"？又为什么"一个月后，先是一些顽皮孩子露出了真面目，在课堂上嬉笑打闹，紧接着又有一部分学生加入到他们的行列之中"？

这些怪诞的现象，为什么不是出现在高年级语文、数学、英语的课堂上，而只出现在艺术、科学、社会的课堂上？答案很简单：孩子们不重视这些学科。那么，身为教师的我们呢？我们自己对执教的学科重视了吗？我们把自己的课堂看成学生生命中不可或缺的一门学科了吗？我们潜心钻研这门学科的教学艺术，注重收集这门学科的最新成果了吗？

当我们自己对艺术和科学尚且处在一知半解之中，当我们面对学生的各种问题张口结舌无法解答时，当我们每一节课都仅仅是照本宣科地罗列几条纲要，然后安排学生死记硬背时，当我们不能利用知识本身吸引孩子，而仅仅借助娱乐手段维系课堂纪律时，我们自己首先选择了放弃，放弃了教学研究中的快乐，放弃了追寻教育艺术的热情，又怎么能希望我们求知欲和生命力同样旺盛的孩子，安安稳稳端坐在毫无意义无趣味的课堂上？

所以，打铁先要自身硬。我的课堂不能吸引孩子，过错只在我自己，在我对课堂的先期放弃。山东的一位年轻生物教师，把初中生物课上得缤纷摇曳，使生物课成了最受学生欢迎的课。面对记者的话筒，她的回答非常朴实：生物学探究的对象是生命，所以生物课就应该是关注生命成长的课，应该是学生成长过程中不可缺少的一门课。为了实现这个目标，我只能全心全意投身课堂探究之中，让每一节课，都因为我的精心设计而焕发光芒。

这位老师的话，向我们揭示了一个极普通又极容易被忽视的道理：只有教师全身心投入到自己的教学中，才有可能把学生吸引到课堂上来。我们总是说，教育的责任在于唤醒。由这个案例却可以发现，真正需要唤醒的，首先应该是教师。教师"醒"了，投入了，问题便总有解决的方法。

——节选自《教育的责任在于唤醒》，《江苏教育》，2008年第11期

  节选内容的第一段为"引"。引述原案例中的部分语言，并以一连串的"为什么"串联起来，开篇处便能够引起读者的注意。

  第二、三段为"议"。先从学生视角分析，再从教师视角分析。由浅到深地挖掘病因。

  第四段为"联"。先由前两段的"议"而归结出"打铁先要自身硬"的观点，并顺势引出山东某教师的教学实绩和她的话语为论据材料，这便让前两段的说理有了事实支撑，增强了案例分析的说服力。

  第五段为"结"。该片段中的"结"，归纳总结了第二至四段的内容，回答了第一段中的诸多"为什么"，在亮明观点的同时，也把更深层次的思考留给了阅读到该案例分析的读者。

第8讲 教育案例分析的思维梯度形成

很多同行会有这样的困惑：为什么我写出来的教育案例分析总是得不到编辑老师的垂青，无法让自己的文字公开发表？个中原因或许很多。比如选择的教育案例不够典型，阐释的教育话题过于陈旧，未能认真研究期刊的用稿风格等等。诸多因素中，我以为更重要的原因是教育案例分析缺乏足够的思维梯度，未能"见人之所未见，言人之所未言"。

第7讲中，曾提到教育写作中的学生视角、教师视角、教育视角、社会视角、未来视角。教育案例分析的思维梯度不够，就是因为未能处理好分析过程中的多元视角转换。相当数量的教育案例分析文章，只从写作者个体的视角观察现象，分析原因，形成结论，极少换位观察、换位思考，写出来的文字便总是感性有余而理性不足。

如何才能借助视角的转换而形成教育案例分析中的思维梯度呢？需注意下述四方面的问题。

一、学生视角：关注真正的成长需要

发生在教室里的任意一件事，站在学生的立场上观察，与站在教师（尤其是班主任）的立场上观察，得出的结论很少拥有一致性。比如，上课迟到了，学生会认为偶尔一次睡过了头，或者上学路上遇到了一些突发事件，都是不值得大惊小怪的事儿，根本没必要罚站、通知家长，甚至在班会课上作检讨。从教师立场来看，则往往从校纪班规、量化考核、学习成绩、行为习惯等层面着眼，或认为迟到者行为散漫，缺乏学习的积极性和紧迫感，或认

为制度面前人人平等，不论何种原因，都改变不了迟到这个事实，所以必须接受相应的惩戒。两种立场，都建立在自身趋利避害的价值诉求之上。从教育叙事或教育案例分析角度看，都缺乏足够的理性支撑。

学生视角的价值，在于跳出师生间各自的利益诉求，只从应有的身心发展需要的角度分析问题。学生视角指向"应该如此的存在方式"，而非"已然出现的存在方式"。

仍旧以学生迟到这样的事情为例。上个学期和一位班主任闲聊时，听他以哭笑不得的口吻陈述班级内一位学生的"光辉业绩"。他说，这位学生迟到了，找来了解情况，该生却极为委屈，说："我在路上把车骑得飞快，差一点出了车祸，你不安慰我，反而批评我，太不讲人情了。"

面对这么一位思维怪诞的学生，班主任该如何教育呢？或者说，面对这一教育案例时，身为教师的我们该如何立足学生视角解析这一言行呢？

问题的症结显然已不在迟到这一行为本身。倘若班主任只和这位学生纠缠是否迟到这一事实，则永远也达不到教育该生的目的。班主任该关注的是什么呢？是学生的思维认知，是以自我为唯一核心的价值定位，是养成此种价值定位的家庭教育环境，是更广阔范围内惩戒教育缺失带来的责任感的丧失……这样思考时，班主任或案例分析者便需要跳出校纪班规、量化考核的教师视角，将自身纳入该学生的成长环境中，发现其形成思维错位的多方面因素，再逐条进行分析阐释，帮助该学生梳理其认知的非逻辑性，在心平气和中纠正错误，修正心理偏差。而将这样的疏导过程整理成文字，便是一则很好的教育案例分析。

二、教育视角：探究真实的教育规律

教育视角的立根之本，在于教育常识和教育规律。

当下教育语境中，存在着很多"伪教育"甚至"反教育"的言行主张。如果以这类主张观察教育问题，则很多理应存在的现象就会被视作异类，无法理直气壮地出现在教育生活中。而该类主张倡导的意识与行为，便会占据学校教育的所有时空，成为左右师生活动的思想枷锁。教育写作者在分析各类教育案例时，必须懂得运用教育常识和教育规律，剖析各类存在的教育现象，不能被"伪教育"甚至"反教育"的言行主张钳制了思想，堵塞了健康思维的运行路径。

例如，很多高中为了营造学习气氛，会在校园和班级内张贴各种各样的宣传文字。于是，诸如"窗外的精彩与无奈皆与我无关，我只努力创造自己的精彩"之类的宣传口号，便冠冕堂皇地进入了教室。

如何剖析这类主张的"反教育"本质呢？可以先从学生视角分析，再从教育视角解剖。下面这几段文字，就很好地呈现了案例分析中的思维梯度——

为什么要倡导"不闻窗外事"呢？

最浅层的理解是，可以集中精力，应对书本和练习。如此，则可"跳出三界外，不在五行中"，可以心如止水，全心迎战各种考试。心无旁骛的结果，自然是注意力高度集中于题海之中，试卷上分数的提高，期末统测中学校排名的靠前，社会、学校、老师、学生、家长的皆大欢喜。

往深处走一步的理解是，有利于消弭各种非学习因素的干扰。窗外毕竟有个既有无限精彩又有无限诱惑的花花世界。那个世界，混杂着龙凤鸡犬，流淌着喜怒哀乐，起伏着爱恨情仇，这些东西，一旦闯入了学生们的视野，则难免会刺激他们单纯而脆弱的神经，并进而引发诸多与读书考试无关的复杂思考。这些思考，显然和单一追求分数排名的教育理念相冲突。

再深一步的理解是，在简化干扰的同时，也可以简化学生的思想，使原本多元的个性，统一成单一层面单一方向单一视角的一元认知。这样，所有人行为处世都在一个既有模式内，自然有利于规范管理，有利于一声令下则群起而响应的管理局势。

更深层次的理解是，有利于扼杀因为个性差异而导致的思想及行为上的多元呈现。应试教育向学校要的，不是高素质的人，而是高升学率。在现行高考模式下，高升学率又只建立在高时间消耗的前提条件下。要想确保每个学生的学习时间最大化，那么，唯一的方法，就是不让他们接触外面的世界。这样一来，就不会有春天的鸟啼冲淡琅琅书声，就不会有夏日彩虹勾引书本上的目光，就不会有深秋的红叶蛊惑白纸黑字的沉静，就不会有寒冬的腊梅扰乱油墨的馨香。孩儿们就可以集中十二分的精力，去为了名次的进步而竭尽全力搏杀。

然而，这是教育吗？

——节选自《窗外的精彩与我无关？》，《江苏教育报》，2009年6月25日

一个问题，四个层面的剖析，由浅入深，由表及里。此种思维路径，值得写作者思考借鉴。

三、社会视角：剖析复杂的价值期待

学校教育中的很多问题，与家庭和社会的影响密切相关。探究一则典型的教育案例时，离不开社会视角的观察与思考。

一般而言，社会视角的分析，应建立在学生视角、教师视角和教育视角解析的基础之上，这是穷根究源的行为方式，需先有针对教育本身的内涵挖掘，然后才跳出教育这座山，在社会这个无限广阔的时空中全方位审视之。"不畏浮云遮望眼，只缘身在最高层"，说的正是这样的道理。

社会视角的分析，亦存在由浅到深、由表象到本质的思维梯度。比如，面对相当数量的高中生进入大学后不思学习的行为，就可以从社会视角作如下剖析：

第一，高中生进入大学后不思学习的行为，是长时间接纳的错误信息作用于大脑的产物。因为很多的父母，甚至一部分教师，在整个中学阶段总是一次次地告诉学生，只要咬紧牙关，走过高中三年，考取了理想的大学，便拿到了走向辉煌人生的入场券，便"不输在起跑线上"，便可以"刀枪入库，马放南山"。那种"苦干三年，幸福一生"一类的宣传口号，就是这类行为的罪魁。

第二，高中生进入大学后不思学习的行为，是中学阶段严苛的监管式教学模式种下的恶果。相当数量的高中，用书山题海把学生所有的闲暇时间全

部填满，不给学生健康娱乐的机会，也不给学生自由阅读自由思考的机会。这样的学生一旦进入大学，没有人再为他安排大把的空闲，而他自身又不知道如何主动学习，便只能一边回忆高中时的"充实"，一边挥霍大把的时光。

第三，高中生进入大学后不思学习的行为，是大学教育与中学教育脱节的后遗症。大学的管理者和教育者，不了解学生在中学时的学习质态和心理成长质态，不能依照此类学生的现有状态而安排学习任务，不能有针对性地进行有效的教育管理，只是想当然地沿用数十年不变的章法来"教育"早已随着时代发展而经历了"千变万化"的学生。"你有千变万化，我有一定之规"，焉能适应真实的教育需求？

第四，高中生进入大学后不思学习的行为，是大学教学内容不能满足学生身心发展需要的必然后果。学生进入大学后的第一年，面对的多是一些大而空的公共科目。这些内容，无法满足学生的好奇心和探究欲，也无法满足最浅层次的功利性需要，且考试也多是得过且过，不求优秀，只求及格。这样的教学任务和教学检测方式，又如何能够激励学生积极主动地投身到新知识的学习中？

上述分析，选自我的微信公众号"语文三度时空"中的一篇随感。案例中的四个层面的分析，致力于发现问题出现的缘由，为最终解决问题提供理论和现实依据。这样的分析，如一棵生长中的树，有主干有枝杈，层层延伸，枝繁叶茂。

四、未来视角：展望应有的理想状态

未来视角的着眼点，是学生的终身发展需要和社会的长久发展需要。这一视角的特点，在于尽可能多地以"去功利"的心态，从宏观需要层面探究各类教育问题。

大多数案例分析的文章，未将思路延展到这一视域。而缺少了这一视域内的理性审视，教育案例也就只展现出当下生活这一平面上的各类信息，无法建立起跨越时空的立体形象。

比如，依旧以本讲第一点所举的学生迟到的案例为例，基于学生视角、教育视角和社会视角形成的各种认知，都还只是建立在行为对错及背后存在的心理支撑物剖析的层面，很难进入一种行为对未来人生长远影响的深度。如若从未来视角解析，则应关注该生的怪诞思维可能对未来人生形成哪些不利影响，应关注偶然间的一件事与良好人格心理形成的重要关联。在此基础上，再努力探究疗救之法、修正之道，建立起理性的教育举措，不但用以帮助这一个学生，而且用来帮助所有具有类似心理行为的学生，让他们顺利走出狭隘走向广阔。这样的案例分析，便属于着眼未来、治病救人。

未来视角下的案例分析，是否能够搭建一条理想的思维阶梯呢？

首要的一点，是梳理并区分当下需要和未来需要间的逻辑关系，发现二者间的相同点和相悖点，进而区分两种需要的合理性。这样的梳理与区分，不能以个体的功利需求为标准，只能以社会的真实需要为准绳。比如，一名高中生的当下需要或许只是考取最好的大学，但其终身发展需要则应该是成长为一个有社会责任意识、有适宜谋生技能、有丰富情感体验、有创新思维能力的公民。两种需要相比，后一种需要的满足才属于真正的教育。

其次，未来需要应建立在普世价值的理念之上，致力于塑造世界公民。比如，如果某种教育的着眼点只在于培养一种世世代代无法化解的仇恨，便不符合未来社会发展的真实需求。面对此种教育案例时，便需解读此种认知的历史局限性和时代局限性，致力于确立未来社会合作共赢的发展意识。

再次，需打通过去、当下与未来间的思维通道，以"今日"这一"过去"的"未来"，推证"今日"之"未来"。十年前、二十年前我们在做什么，形成了今天的教育现实？有哪些成功的经验，又有哪些失败的教训？倘若据此发展下去，则十年后、二十年后的教育，又会是一种什么样的状态？那时的社会中坚力量，又会是一种什么样的生存状态？把这些问题纳入未来视角的案例解析中，等于为思维多开了若干扇窗，自会发现更多的风景。

上述四种思维视角，并非只单独存在于某一案例分析过程中。绝大多数情况下，写作一篇案例分析的文章时，应该在案例呈现后，依次运用这四种视角进行事理解剖。如此而形成的案例分析文章，才能既拥有视域的宽度，又拥有思维的深度。这样的文章，编辑和读者才会欢迎。

第 9 讲　教学案例分析的意义指向

同为案例分析的文章，教学案例分析与教育案例分析并不存在写作学意义上的结构差异。之所以要单独设立一个章节，是因为两者在案例的选择与呈现上差异较大，而且教学案例分析的价值指向也更多瞄准教师的教学理念与课程意识，体现出极为明晰的"教师中心"的特色。

受"教无定法"主张的影响，现实的教学情境下，许许多多的课堂上"生长"着许许多多的教学行为。诸多行为中，有明晰的教学理念支撑者寥寥无几。绝大多数的教师，其课堂设计与活动的学理依据，只是"我以为应该这样教""我愿意这样教""我一直这样教"，或者是"其他人都是这样教"。这样的教学，注定存在着许许多多值得分析探究的内容。

更具讽刺意味的是，教育案例的优劣明眼人一看便知，教学案例的优劣则很难形成定论，甚至难以形成一种临时性的共识。比如，一位名师的教学公开课客观呈现在那儿，一定会有一批拥趸从若干个角度发现其精妙意义，也一定会有一批反对者从若干个角度发现其粗鄙荒诞。争论的焦点，或许恰恰是同一个教学环节中的同一处细节。

这样的认知差异，当然不属于见仁见智的哲学范畴。究其根由，只在于案例分析者持有的教学理念与课程意识。一位缺乏足够的课程意识的教师，永远也无法理解学科知识体系建构的重要价值。其对教学的理解，便只能停留在对课堂碎片的分析探究之上，无法站在数年一贯制的学科知识体系背景下解析教学案例。

基于这样的理解，写作教学案例分析的文章时，其案例的选择便应尽可能详尽地关注学科的课程属性。案例要尽量跳出课堂教学行为中琐碎内容的分析挖掘，尽可能多地关注教师的教学理念与宏观性教学技能。

一、一叶知秋，在微观中呈现宏观

下面这篇案例分析文章，缘自我十多年前观摩的一次教学大奖赛。当初写这篇文章的目的很明确，借一节具体的课，批判语文教学领域中陈旧过时的教学思维，更批判把持语文教学话语权者带来的恶劣影响。限于篇幅，我省去了案例分析中有关案例描述的内容，只展示后半部分的学理分析——

通观这节课，我感觉他的最大成功，就是既立足于文本来探究和落实单元主要教学意图——关爱生命，又不拘泥于课本的狭隘，而是把生命的话题，从单纯的文本鉴赏中提取出来，放置到了生活、文化和心灵的层面上来探究。这就使得生命认知跳出了文本的表象，而进入了学生的心灵。这样的课，是真正做到了关注学生的终身发展，关注学生的心灵成长的。

而另外的几位教师，虽然也还是教授这一个文本，但都是把绝大多数精力放置在了文本的讲习上。其中最被评委们欣赏的一个老师，他的课从头至尾都是在进行着文本的探究。老师设置了很多个问题，引导着学生一点点地思考探究作品中婴儿的哭声为什么能激发起"我"活下去的念头。这个老师音色很好，语言又富有感染力，问题的设置和文本的阅读引导也都很到位。更主要的是，他的课堂上，学生空前活跃，高中学生争着举手发言时，就如同幼儿园的小朋友那样争先恐后。课堂上不时响起掌声和笑声。师生间的互动呈现出相互激励相互鼓舞的良性特征。

之所以出现我的认知和评委们的认知的差异，我觉得主要是由于评课的理念的不同。揣测评委们的观念，一定是认为课堂教学必须紧扣文本进行，一定是认为教师要在课堂上充分调动起学生主动学习的热情，要形成师生间良好的课堂互动，要吃透文本，领悟文本中传递的思想道德信息。从这些出发，他们认同那位教师，欣赏那位教师的课堂，自然也就可以理解。

而我则认为，评价一节课的优劣，任何表象上的热闹，都不足以成为标准。真正的好课，应该是能够透过表象直达心灵，能够让学生在十年、二十年后还牢牢记着，并可以影响和指导学生一生的课。以这两节课而言，课堂上探究的是严肃的生命的话题，是面对死亡的艰难的选择的话题。我所欣赏的老师，他的课堂没有欢声笑语，没有掌声和林立的手臂，这样，表面上看来，他的课堂沉闷压抑。但是，他的课堂上有沉重的叹息，有悲伤的泪水，有长久的无言。这些，都是学生们面对了生命的艰难选择时表现出来的无奈和悲凉。相反，评委们欣赏的老师的课堂上，在面对了生命的艰难选择时，却掌声和笑声不断，妙语连珠。我实在不认为学生们真的进入了文本的内核中。我觉得，在生命的课堂上，欢声笑语只能是一种浅薄无知与草率。这样的课，尽管把文本解读得很透彻，那也还是仅仅局限于一种知识的积累，根本无法达到灵魂的触动。

所以，我认为，评价一节课的好坏，怎么教固然重要，而更重要的一定是学生接受了什么。学生的领悟，是衡量一堂课优劣的唯一试金石。优秀的课，总是能够透过一切表象直接抵达学生的灵魂深处；而肤浅的课，却多数如隔靴搔痒，看起来"五彩缤纷"却总不能真正发挥语文课关注生命的功用。

——节选自《好课，总是直抵心灵》，《福建教育》，2005年第12期

此则教学案例分析，旨在通过一个具体的课案，探究语文教学的宏观价值取向问题。要达成这样的写作目标，就不能纠缠于教学案例中的具体细节，只能立足于教学行为背后的教学意识，提炼出宏观性的教学主张，借此呈现出案例分析者对学科教学的整体性认知。

二、举三反一，在多元中发现一元

教学中固然存在着很多的个体性缺憾与错误，也不排除一些共性化的偏差。比如，相当数量的课堂上，普遍性存在着教学目标定位过于随意、新课导入画蛇添足等病症。分析这类微观性教学技巧时，就需要精选一些病因相近却症状各异的案例，在多元呈现中剖析一种具体的教学技艺。

下面这则教学案例分析的文章，就很好地贯彻了这一写作目标：

一个老师在教学《失街亭》时，前20分钟时间用来指导学生创办了一个模拟法庭。后20分钟让审判长来审理马谡的冤情案。这节课，看起来热热闹闹，学生也很兴奋，但课结束后，留给学生的，其实是一片空白。学生既没有学习到什么法律知识，更没有掌握必要的文学知识，没能通过一篇课文的"小"来了解中国古典文学精深厚重的"大"。

又一个老师在教学《〈宽容〉序言》时，分析到"一天夜里，爆发了叛乱"这一段时，进行了这样的拓展延伸："假如你是叛乱者，你将如何做呢？"学生们围绕着这个问题开始放飞思绪，设置了一个个充满血腥杀戮的场景。班级内的气氛空前活跃。

再一位老师教学《人生的境界》，从作者的人生四个境界延伸出去，引导着学生时而欣赏王国维的治学三境界，时而鉴赏佛教禅宗成佛的三境界，时而跳跃到庄子《逍遥游》的四种境界。整个教学中，学生的思路在教师的牵引下，始终呈现着一种大幅度的跳跃状态。

这三节课，课型都是比较符合新课改要求的。多数情况下，都注重了以学生思考活动为主。课堂上也都体现出了自主、合作和探究的精神。然而，透过这些外在的"新"，我感受到的却是一种本质上的"虚空"。

由此联系到在论坛上看到的一些"名家"的新课改的教学实录，发现同样存在着这些问题。即过分注重形式的"新"，而并没有从根本上"改"。

依照我的理解，"新课改"的核心是"改"。改什么呢？改革长期以来形成的教师主导的教学思想，改革目标先行的教学设计，改革学生被动接受的消极现象。改革的结果，是要培养起学生善于发现问题，然后主动思考问题的习惯，而当个人解决不了问题时，要能够很好地和其他同学合作探究，依靠众人的智慧来解决问题。这样的新课改，追求的是一种主动学习的态度，一种发现了问题决不轻易放弃的执着，一种善于集思广益，依靠集体智慧来实现目标的协作精神。这三点实际上又是现代社会人所必须具备的学习和工作才能。所以，概括来说，新课改实际上要培养的就是这种为社会服务的能力。

但相当多的课堂"新课改"，却只是把全部注意力放到了"新"上。为了出"新"而竭尽所能。教学的各环节都是精雕细琢，每一个问题都力求有"新意"，每一个教学步骤都希望有出其不意的效果。于是，精彩纷呈的多媒体课件、游戏和知识竞赛等样式被越来越看好；大量有用没用的知识，全部被用来作为深度拓展延伸的必备材料。一时间，课堂要么成了"大展销"，要么成了"表演秀"。整个教学在看似互动的热闹中，满足的实际上只是"经办者"——教师的个人欲望。学生则多数如同舞台下那些狂热的歌迷般，热闹和兴奋过后，才发现人去场空后原来什么也没有留下。

面对相当多的这类"新课改"，作为一个把教育看作事业的教师，我只想说：不要把新课改演变成东施效颦般的故事。新课改，还是要静下心来好好研究研究学生的学习心理。只有真正了解了学生学习心理后，才能做到有的放矢地去"改"。至于形式是否"新"倒是次要的。因为任何时候，舍本求末的事情，都是不会取得良好的结果的。

——节选自《新课程，我们如何上课》，《中国教师报》，2006年7月12日

此则教学案例分析，在眼花缭乱的表象背后捕捉共性化的教学问题，旨在引起教育者的有效关注，具有很强的针对性。

三、顺藤摸瓜，在具体中捕捉抽象

任何一则教学案例的背后，都活跃着一位有想法有追求的教师。

只是，有想法有追求不代表其想法与追求一定顺应了教学的客观规律。在朝向优秀和卓越迈进的道路上，总难免对教学的误读、误判与误行。研究成长中的教师的教学案例，指出其行进过程中出现的认知错位和行为偏差，是促使其健康成长的最佳方案。

写作此类教学案例分析的文章时，需比较被观察者在一定时间段内的教学发展态势，并从中提炼出值得肯定或值得警惕的信息，既为被观察者提供修正误差的具体方案，也为接触到该案例分析的阅读者提供观察课堂、研究教学法的思维路径。

下面这则教学案例片段，就来自我对一位青年教师两节课的观察与分

析。受篇幅制约，此处只呈现案例分析的内容：

我告诉她，新课程所倡导的"自主、合作、探究"，仅仅是学生学习的一种形式。这种形式，是针对以往教学中的教师满堂灌、教师意志决定一切等不良教学行为而提出的。它的宗旨在于培养起学生主动学习、积极思考、自己发现问题、自己钻研问题的能力。新课程更需要重视的，是教学的目标指向，是那种为学生的终身发展服务的教学思想。比如我们教学古代诗歌与古代散文，虚实词的积累固然是必不可少的，但我们更需要从这些经典作品中汲取到来自传统文章的诸多养料，我们需要培养学生的诵读能力、悟读能力、迁移能力、运用能力，还需要帮助学生鉴别作品中的思想内涵，在扬弃中落实古为今用。

这位年轻同事对于课堂教学设计的理解，让我想到了当下课堂教学中存在的很多人为误区。长期以来，外界和语文界自身，对语文教学的"少慢差费"现象一直是攻击不断，然而，这样的现象却始终无法扭转。撇开应试教育大环境带来的种种不利因素不看，单从语文教师自身来研究，不是也可以发现很多问题吗？

首先，我们的语文课堂，教学目标总是过于功利。尽管我们在备课本上可以写出立足于三个维度能力培养的各种教学目标，而实际教学活动中，我们所做的，基本上都是为试卷服务，为学生的分数服务，为高考服务。很少有教师能积极主动地意识到，我们的语文课，是在雕琢学生的灵魂，我们是在为学生的心灵的完善服务。

其次，我们的语文课堂，总是在扼杀美好。那么多的优秀作品，我们无法把它们的美丽呈现出来，无法让作品中鲜活的生命、优美的景致、动人的情感走入学生的心灵。我们只是让它们变成一道道试题，然后转换成一个个具体的分数。

再次，我们的语文课堂，作者、文本、教师、学生不能成为心灵相通情感相映的知己。我们的教师和学生，几乎从来没有把文本、作者和作品中的人物看成是鲜活的生命，从来没有想过要和他们建立起心灵上的相知相亲关系。我们用冷漠的眼神观察着他们，研究着如何把他们变成各种各样的刁钻古怪的试题，让他们成为我们步入大学殿堂的一个阶梯。

这三方面的不足，如同三把锋利的刀，"凌迟"处决了语文。面对支离破碎的语文，我们每一个语文教师，是否应该深刻反思一下自己的教学行为呢？要不得的高三综合征，还是从语文课堂上"退休"吧。让我们的所有语文课，都能成为语文之美的吹鼓手。

——节选自《课堂教学不是"抓分行动"》，《中国教育报》，2006年12月4日

我由这位年轻教师的两节课中提炼出的问题，并非该教师的"特产"。此篇教学案例分析的意义指向，在于为具有类似教学认知与行动的年轻教师敲响警钟，帮助他们回到课程与教学的应有轨道之上。《中国教育报》之所以刊发此文，相信也是基于同样的目的。

四、树立标杆，在探究中提炼真知

上述三类教学案例分析的意义阐释与例证，很容易形成教育写作中的思维误区：教学案例分析只是发现他人教学案例中的缺陷，无需研究他人教学中的成功经验。这样的想法当然与教学案例分析的写作实际不相符。事实上，教学案例分析中向来不乏对优秀教学成果的经验提炼和理念探究。正如差的教学案例要通过分析使读者明白其差在何处，优秀的教学案例也必须借助案例分析提炼出其成功的多方面要素，为学习者提供清晰的借鉴路径。

在归结他人的失败教训或成功经验之外，也可针对自身的教学实践而展开分析。这样的分析重在自我反思与自我激励，推动自身的教学技艺朝向更为美好的境界迈进。

下面这则教学案例分析的片段，选自数学特级教师华应龙对一节示范课的反思。该案例分析在教学理念提炼和教学技法探究两方面，都为我们作出了很好的示范。

几何画板上显示"正多边形和圆的关系"应该从正六边形开始，这就

暗合了刘徽割圆术也是从正六边形开始的,并且解决了几何画板上正三角形不正、看着不舒服的问题,还解决了与前面研究正三角形、正方形、正五边形、正六边形"一中同长"重复的问题。

在完成了为什么没有规矩也画成了圆的追问后,我说:是啊,圆心只能"一中",半径一定"同长"。当我们真正理解了祖先的"圆,一中同长也",才知道以前听说的"圆心""半径"是多么重要的两个词啊!

看到学生闪亮的眼睛,我心里真舒畅。这样不就把经验、直观与抽象结合起来了吗?数学的抽象首先是一个过程,其次不就是建立一套术语概念系统吗?

……

整体感受:在学生需要教的时候再教,效果就是好。看来我说"教是因为需要教",没错!

自己以前也教过《圆的认识》,为什么没有今天这么享受呢?莫名地,我想起《老子》第四十五章:"大成若缺,其用不弊。大盈若冲,其用不穷。大直若屈,大巧若拙,大辩若讷。……"这几句话的意思是:完全做成的东西,看上去好像缺了些什么,但用起来却一点也不差。完全装满水的容器,看上去好像是空的,但用起来却一点也不少。非常直的东西看上去却好像是弯的,大的机巧看上去倒好像很笨拙,特别善辩的人看上去倒好像不会说话。

那,我"成"在哪呢?在没有增加新知识点的情况下,上得学生不愿意下课。让学生体验到不同现象背后的本质是一样的,让学生体验到认识事物"特征"的价值,让学生认识圆的"规矩"的同时感受了研究问题的"规矩",让学生体验到追问"为什么"是一件很有意味的事情……爱因斯坦曾经说过这样的话:"用专业知识教育人是不够的,通过专业教育,学生可以成为一种有用的机器,但不能成为和谐发展的人。要使学生对价值(社会伦理准则)有了理解并产生出热烈的情感,那才是最基本的。"

那,我"缺"在哪呢?这一节课,对原来所重视的基础知识和基本技能淡化了,学生发展的情况究竟如何?

以前,我教《圆的认识》时,总是觉得这不能丢,那也不敢掉,把自己扣牢在自己和他人一起画就的小圆里……

现在的我真是在理想"圆"里！

为什么以前的我没能、没敢这么上？教学的能力不到，教学的勇气不够，教学的追求没有……

为什么今天的我能这么上、敢这么上？缘于课程改革的深入，百花齐放的氛围……大抵还缘于自己对自己和他人教育实践的过程和结果的意义与价值的哲学之思。

"花未全开月未圆"，大成"有"缺。革命尚未成功，同志仍需努力！

拖课了，总是不好，如何在40分钟内和学生交流？要舍什么？

这节课，多处引经据典，是否过"度"了？"度"是几处呢？数学味淡了？那我们的课堂是为了学生的发展，还是为了上出一堂"数学的课"？话又说回来，哪一处又是与"数学"无关呢？是否只是"顺手一投枪"（鲁迅语）？那老师"顺手"多了，学生是否会目不暇接、"审美疲劳"？

此则反思中，华老师的语言表达较为随意。因为，华老师的反思只为了总结经验，并非为了在期刊上发表。但也正因为这随意，我们读到的才是最真实的教学案例自我解析。这样的案例分析，和具体的课堂实录结合在一起时，便能够为读者提供极其丰富的学习资源，帮助执教相同学段的教师修正教学方法，完善教学技能。

第10讲 教学案例分析中的要点归纳

明白了教学案例分析的四大意义指向之后，如何写出一篇高水准的教学案例分析的文章便成为亟须攻克的一个专业写作难题。

此类文章的结构框架并无特殊之处，"叙—析—评"是最常见也最合理的分析模板。教学案例分析当然要先描述教学案例，然后分析案例的得与失，形成顺应教学规律的客观评价，进而形成行之有效的新路径新方法，为读者提供专业发展的借鉴资源和模仿范例。

真正的写作难点，在于精准捕捉教学案例中存在的典型性问题或典型性经验，让案例分析确实承担起专业发展警示牌或推进器的作用。突破该难点的具体方法，则是以课程为根本的目标定位，以学生终身发展需要为终极价值的内容取舍，以愉快学习、幸福成长为技能诉求的教学法探究与应用。教育写作者必须读懂一则教学叙事中隐藏着的教学原理、教学技能、教学经验、教学策略、教学态度等相关信息，必须善于从一则完整的教学叙事中迅速发现并准确提炼值得探究的重要问题，必须知晓并熟练运用顺应教学规律的各种教学技法，才能在他人的教学案例中"养育"出自己的教学见解与主张。

一、弱水三千，取一瓢饮足矣

一则完整的教学案例就是一座山。有人从中观赏风景；有人从中发现矿产；有人久处其中而不见其美，只捡拾一些枯枝朽木充当柴火；有人匆匆一瞥，找一处地方刻一句"到此一游"，便又匆忙赶往下一座山。

教育写作者只能做一名采矿人。而且，这个采矿人还从不贪心。他虽有能力发现山中蕴藏的多种宝藏，却不会奢望凭一己之力悉数开采所有的资源。

明白了上述道理，便会知晓，教学案例分析绝不应贪多求全，只应该精选最具典型性的一个点作纵深剖析。能够围绕一个焦点分析清楚案例中的得与失，便是有效发掘了教学案例的研究价值。

下面这则教学案例分析，就有效落实了这一主张——

这节课，从自主学习中的困惑开始切入。该教学环节中，近十位学生围绕着文本的内容、主题、手法等知识点，提出了十多个颇具思维挑战性的问题。比如，为什么人在家中，却常常有无家可归的感觉？为什么家会对人形成一种压迫？如何理解课文第11段中的家的含义？如何理解第7和第11段中的想离家却又茫然的矛盾心理？第10段中，那些坐在豪华游艇、舒适的飞机或火车里旅行的人，为什么同样是"苦旅者"？……应该说，这些来自学生阅读体验的问题，既是学生实际阅读能力的最真切呈现，也是课堂教学无法绕开的教学重点和难点。

课堂活动中，这样的导入，较之以诗意的渲染或精巧的激趣，往往更具教学价值。因为，渲染与激趣，展示的都是教师的才学。唯有发动学生大胆质疑，才是将学生放到了学习的最重要位置。学生们读出的问题越多，则思维越活跃，学习心情越迫切，越容易借助教师的引领点拨，积极主动地探究文本。

当然，学生提出的问题，总是五花八门。这些问题中，有一部分问题，涉及以前学习过的相关知识；另一部分问题，超出了大多数学生的理解力，需要用未来某阶段才会学习到的知识予以解答。这两类问题，无需占用课堂时间详细探究。

面对来自学生的这些问题，授课教师先是用最精要的词汇，将每个学生的提问要点提炼出来，然后围绕这些关键词，迅速归纳出"前方""路""家"这三个核心概念。这样的概括，提纲挈领，举重若轻，既突出了文本的核心意义，又为随后的课堂活动预设了一条贯穿始终的主线。

只是，这样的高度概括，也存在一定的缺陷。最明显的缺陷，在于教师有意无意地将来自学生的问题，生拉硬拽到备课时预设的问题情境中，让学生对文本的质疑，只成为课堂活动的一个环节，而非成为贯穿文本赏析活动全过程的内容依托。如此，表面上是尊重了学生的认知规律，重视了具体学情，实际上还是教师占据了绝对的权威地位，把学生置于被动接受的位置。

另一方面的缺陷，在于教师预设的课堂主问题，与《前方》应该承载的学习任务之间容易出现断裂。比如，作为语文课文的《前方》，除了"写了什么"之外，必然还有"怎么样写""为什么写"，以及"这样写好不好"等问题需要探究。教师在引导学生对课文内容进行质疑时，如果缺乏这样的课程意识，就容易只引导学生关注作品的主题。事实上，授课老师也确实没有引导学生从这几个角度发现问题，更没有借助有效的提炼，生成出这方面的问题。

反刍这节课的起承转合，有一个问题引起了我的深思：为什么课堂的后半部分多是以教师的强势解读取代了学生的自主思考和发现？我认为，这与新课开始阶段教师对学生问题的提炼有一定的关联。教师面对学生提出的各种问题，并未从解决问题的角度组织教学活动，而是只借助学生质疑的形式，"引出"自己预设的教学内容。如此，这精彩的开头，便只成为教学活动中的一个点缀，而非生成问题的必然过程。

——节选自《课程，绕不开的语文之结》，《中学语文教学参考》，2015年第4期

此则教学案例分析，只针对新课导入时由学生提出学习困惑这一环节而展开剖析，既归结出此种教学行为的合理性，又探究了实际教学过程中容易出现的偏差。这样的分析，因为论题集中，针对性强，能够给读者带来切实的感悟与思考。

二、众声喧哗，以课程为主调

数理化等理科背景的学科，其教学案例分析的重心多落在教学流程设

计、教学方法运用等细节性问题的探究中。而语文、政治、历史等文科背景的学科，则在"如何教"之外，还存在着一个更为重要的"教什么"的问题。分析文科背景的学科教学案例时，首先应该关注其教学目标设计是否符合课程建设的需要，是否与教材的编者意义相一致；其次应该关注其重难点设计是否紧扣教学目标而确立。只有在"教什么"不出现偏差的前提下，才有必要对其教学理念、教学环节、教学技法等展开分析。

在本书第6讲"教学叙事中的注意事项"中，我曾列举了两位老师的教学叙事。一位老师谈《林黛玉进贾府》教学中视频文件运用，另一位老师谈《斑羚飞渡》教学时的情感铺垫。将这两则教学叙事作为教学案例进行分析时，最严重的问题便是"教什么"定位错误。前一位老师纠缠不清的荧屏形象，无论是老版本"林黛玉"的瘦弱，还是新版本"林黛玉"的婴儿肥，都与课文《林黛玉进贾府》毫无关联。《林黛玉进贾府》的课程目标，一是引导学生学习以人物行踪为线索，串联起若干景物、若干人物的写作技法；二是引导学生学习通过人物语言、行动、心理、肖像、服饰等细节的描绘呈现人物的性格；三是鉴赏作品的语言，体味经典作品丰厚的文学内涵与文化内涵。教师不能引导学生利用文本信息落实这些目标，其教学行为便缺乏课程意义。同理，后一位老师用一节课时间引导学生讨论一个新闻事件，还认为这样的讨论是在为第二天的《斑羚飞渡》的学习营造特定的情境氛围。且不说经过一天的时间，学生已然将本课时的有限感触置之脑后，就算都还能沉浸在该新闻事件的悲痛氛围中，又和《斑羚飞渡》的学习有多少关联？作为语文课，《斑羚飞渡》的价值不在于从文本中获得感动，而是要以文本为鉴赏或写作的范例，学习文本谋篇布局的技巧和精巧的语言表达形式。

明白了上述道理，才会发现，有些人视同珍宝的教学设计与教学活动，或许只是看起来精彩，实则完全偏离了学科课程教学的应有路径。分析文科背景的各种教学案例时，必须始终以课程为主调，把教学案例中的各种活动纳入课程这一核心框架内。只有这样，教学案例分析才能在众声喧哗中守住应有的写作理性与教学理性。

三、主次分明，以说理为根本

所有的教学案例分析，都由教学案例和学理分析两部分构成。两部分内容间，教学案例处于次要地位，学理分析为绝对主角。

然而，网络上铺天盖地的教学案例分析的文字中，半数以上的作品颠倒了案例与分析间的主次关系，过分注重对案例的叙述，淡化对案例的分析。这样的教学案例分析，很难体现作者的教学理念与认知深度，也就很难给读者带来深层次的思考与感悟。

请看下面这则教学案例分析（与张忠林、钟志兰合作）：

执教《轴对称图形》一课时，教师围绕轴对称图形，设计了一个个精巧的环节，有"玩对称，识对称，做对称，赏对称"等等。在"赏对称"的环节中，教师把桂林山水的录像片段搬上了课堂，让学生边听着动人的音乐，边欣赏着美丽的桂林山水。屏幕中山水相依，山影入水，大自然的杰作成就了一幅精美的巧夺天工的轴对称图案。学生在老师娓娓道来的描述下仿若置身其中，成了桂林山水的一部分。

记述该案例的教师，认为该环节的教学，将原本抽象的轴对称图形提升到了美学的范畴，使学生在欣赏、发现数学艺术价值和审美价值的同时，净化了心灵和思想。我却认为，数学课的美学意义，应该通过数学本身予以呈现，在数学课上播放电视风光片，再配合上动人的音乐，势必会分散学生对需要学习的知识的有意注意，使学生的注意力从数学知识转移到非学习目标的内容上去。这样的教学设计，美则美矣，打扮的却是别人的脸，是隔壁的音乐、美术的脸。本该关注的数学的成分，反而因这样的打扮而弱化了。这样的教学，显然缺乏科学性，也缺乏人文价值。

这个案例还让我想到了另外一些理科教学中落实人文性的"教学设计"。我常见到一些老师的论文中，谈及学科人文性教育时，喜欢列举一些科学史故事或科学家奇闻异事作为佐证材料。每次读这样的文字，我便想，如果我是学生，听完一个比较有趣的故事后，我如何才能在接下来的听课活动中迅速从感性故事中走出来，进入理性的知识体系中呢？我感觉，这些说故事、表演、看电视片等行为，都无法实现真正意义的人文情感培养，而且有害于学科知识教学。

数学教学向来注重的是数学思维意识的培养，重视在数学教学中通过感性的、可操作的例题分析，归结出理性的、具有引领高度的学科专业知识体系。在这样的目标引领下，数学课需要致力于严谨缜密的逻辑推演能力的养成，需要帮助学生建立起心目中神圣的数学文化。这种数学文化，其价值当然不是记述上面案例的老师所倡导的"净化了心灵和思想"，也不仅表现为"发现数学艺术价值和审美价值"。它的真正价值，应该是以学生为本，充分关注学生的情感体验，凸现数学学科的人文价值，塑造生命数学，让学生在充满人文气息的空间中积极主动地获取数学知识，产生良好的情感体验并不断积累，最终形成科学的世界观和价值观。

以打造数学文化为目标，我们再来审视上面的案例，就能够发现，电视风光片的引入，其教学价值，仅仅表现为观赏轴对称的图像。而这观赏的内容，绝大多数学生都有着亲身体验的经历。无论是农村还是城市，没见过水中倒影的孩子，又能有几个？如果从数学教学的角度来说，这一环节，只需一张普通的水中倒影图片，即可实现教学目标。舍简而取繁，舍易而取难，我认为，教师追求的，不是知识的传授，也不是人文情感的熏陶，而是为了课堂的"好看"，是作秀给听课教师看。

——节选自《理科教学，人文旗帜插向何方》，《河南教育》，2011年第2期

这则教学案例分析共有1100余字，其中用来陈述案例的只有第一段和第二段的段首，其余内容均用来多视角多层面地分析阐释。这样的详略安排，保证了写作重心落在"分析"环节。至于教学案例本身，则能概述清楚时，便不必采用实录的方式予以呈现。

四、摒弃说教，把分析落到实处

既然教学案例分析的重心必须落在"分析"环节，则衡量一则教学案

例分析优劣的标尺，只能是分析过程的针对性与逻辑性。优秀的教学案例分析，应始终围绕教学案例中客观呈现的问题或经验作多视角多层次的学理分析，应始终致力于从案例中提炼出典型性问题或行之有效的方法，供读者借鉴。切不可在分析过程中堆砌概念术语，说一些大而不当的空话套话。

下面三段文字，节选自网络文章《高中数学〈圆锥曲线定义的运用〉教学案例反思》。该文在用 2107 个字完整展示一节课的教学流程后，仅用 500 余字作了教学案例分析——

该案例借助于"powerpoint 课件"，使全体学生参与活动成为可能，使原来令人难以理解的抽象的数学理论变得形象、生动且通俗易懂，同时，运用"多媒体课件"辅助教学，节省了板演的时间，从而给学生留出更多的时间自悟、自练、自查，充分发挥学生的主体作用，充分显示出"多媒体课件"与探究合作式教学理念的有机结合的教学优势。

其次，利用两个例题及其引申，通过一题多变，层层深入的探索，以及对猜测结果的检测研究，培养学生的思维能力，使学生从学会一个问题的求解到掌握一类问题的解决方法，循序渐进地让学生把握这类问题的解法；将学生容易混淆的两类求"最值问题"并为一道题，方便学生进行比较、分析。虽然从表面上看，这节课的教学容量不大，但事实上，学生们的思维运动量并不会小。

总之，如何更好地选择符合学生具体情况，满足教学目标的例题与练习，灵活把握课堂教学节奏，确实是高中数学教学中一个重要的研究课题。而要能真正进行素质教育，培养学生的创新意识，数学教师首先必须更新观念——在教学中适度使用多媒体技术，让学生有参与教学实践的机会，能够使学生在学习新知识的同时，激发起求知的欲望，在寻求解决问题的办法的过程中获得自信和成功的体验，于不知不觉中改善他们的思维品质，提高数学思维能力。

这三段"分析"，看似每一句话都绝对正确，但又每一句话都不指向实际的学理分析，解决不了任何实际教学问题。形成此类病症的主要原因，在于文章的写作者未能充分掌握"教学案例分析"中"分析"的应有章法,用大而空的意义阐述取代了抽丝剥茧的学理分析。此种病症,需引起高度重视。

至于"把分析落到实处"的具体方法,此前若干章节中所举的正面案例已从多个角度予以演示,此处不再赘述。

第11讲 教学反思的切入角度

前文在探究教学案例分析类文章的写作技巧时，所引用的例证材料中已涉及教学反思的文章。这表明，教学反思与教学案例分析虽属于两种不同的写作形式，但存在着内容与结构上的交叉关系。教学反思既可以采用教学案例分析的常见结构形式，在先叙后议中呈现教育写作者的思考，也可以弱化具体的案例材料，只进行学理分析和观点阐释。当教学案例分析与教学反思拥有相同的章法结构时，较为显性的差别是，教学案例分析中的案例多来自他人的教学实践，教学反思中的案例多来自自身的教学实践。容易忽视的差别是，教学案例分析中的案例不太关注时效性，只关注典型性；而教学反思中的案例，一定与反思者近阶段的教学实践紧密相关。

写作教学反思时，角度的选择至关重要。教学反思的切入角度，可从下述四个方面选取。

一、从课程实施者视角审视目标设置的合理性

教学反思以追求教学实践的合理性为目的。

教学实践的合理性，必然体现为教学目标设置的合理。教学反思者在完成一节课的教学任务之后，首先应该回望该课时的目标设定。既反思预设的目标是否在课堂上得到了有效落实，也反思此种目标设定是否脱离了具体的学情，是否偏离了本学科的课程知识体系，是否存在着指向不明确、缺乏操作性等病症。这样的反思，是确保每一课时的教学都行走在学科课程目标总框架内的方向修正器。

要将这样的反思写成一篇完整的文章，须注意行文的思路与文章的框架结构。一般而言，作者的行文思路可分解为"回望教学目标—梳理教学过程—发现存在的问题（或归结成功的经验）—探索理想的路径"四个部分。写作的重心，落在后两个部分。

与行文思路相一致，文章的框架可选用"叙—析—悟"的结构形式。即先用概述的话语，简述原目标和落实目标的教学过程，然后立足应有的教学理性而分析其存在的问题（或成功的经验），最后展示反思中的"悟"，探索符合课程需要与学情需要的教学目标和教学方法。

这样的行文思路与框架结构，与网络上随处可见的"碎片式"教学反思或"穿靴戴帽式"教学反思相比，具有指向明确、内容具体、思维有梯度等优点。"碎片式"教学反思的思考多停留在浅层面的得失诉说之上；"穿靴戴帽式"教学反思则总是在文章的开头与结尾两处，堆砌一些与反思的内容并无真实关联的大而不当的意义描述。此两种"教学反思"，皆不是真正的反思，而是为了完成某种任务而不得不拼装的"文字积木"。

二、从旁观者视角察看教学流程的可行性

优秀的教学反思，既不是蜻蜓点水的"教学检讨书"，也不是自娱自乐的"教学功劳簿"。对一节课中成败得失的分析与总结，不能只局限在自我认知的小圈子内，从"我"的视角回望并诉说，而是要尽量置身事外，用局外人的心态和视角，相对冷静客观地研究教学中的各个流程及各流程中的操作性细节。必须心中带着很多的"为什么"而思考，为每一种设计寻找合理的学理支撑。凡缺乏支撑的环节和细节，都需作更为审慎的剖析。做到了这些，写出来的教学反思才具有教研价值，才能够对未来的成长形成积极的推动。

从旁观者视角写作教学反思时，重在换一个角度观察。一般而言，可先概述"我"的视角下的教学构想与教学实际状态，然后转换身份，直接将"我"转变为旁观者，以"去情感""去预设""去先入为主"的心态，变熟识的课堂为陌生的课堂，创设一个相对陌生的教学环境，以此探究教学流程

的可行性。

比如，在完成对整节课的教学设计的概述之后，"我"先对教学实际状态进行客观陈述，谈感触最深的一两个问题，然后便运用旁观者视角，作这样的分析：

课后，我针对这节课中出现的启而不发的问题咨询了学生。从学生反馈的情况看，主要是突然间反应不过来老师想要他们思考的是什么，所以便无从下手，只能等候老师自己的解答。学生们的反馈给我敲响了警钟，迫使我不得不改变思维，尝试着从学生的视角去预设课堂教学的核心问题。学生们需要的是什么呢？他们一定不需要缺乏思维挑战的陈旧问题，也一定不喜欢缺少铺垫的、摸不着头脑的深度拓展。学生们的真实需要，必然是基于课程教学目标的、能够踮起脚尖摘下来的"真问题"。这样的"真问题"，又不能直接亮出来，而是需要由浅入深的铺垫。这样的铺垫，既可以满足能力较弱者的思考需要，也有利于打通新旧知识间的关联，激活课堂思维。想明白了这个问题，我对自己的教学流程作了这样的修改……

——节选自"教育在线"论坛中的主题帖

这样的思考，走出了以教师为中心的言说形式，走进了以学生为中心的教学研究，有利于发现教学中存在的真问题，亦有利于探究解决问题的真方法。

需要强调的是，旁观者视角中的"旁观者"绝不是无关紧要的"路人甲"。其角色定位必须是谙熟教育教学规律的实践者，是具有一定的教育理论积淀和冷静的头脑的观察者。当然，这旁观者也可以是上一点中所说的课程实施者，或者下面两点将说到的学习者、研究者。

三、从学习者视角探求知识结构的科学性

一节课该教什么又不该教什么，取决于课程和学情。现实教学情境中，为数甚多的教师，只是依照自身的理解裁定教材的教学内容，设计课堂教学

的重难点，组织课堂活动，很少从课程和学生两方面衡量自身的教学。这样的教师，算不得合格教师。

要纠正此种偏差，就需要学会教学反思，学会从课程和学生的视角探求知识结构的科学性。

写作此类型的教学反思时，观察与思考的焦点都聚合在知识结构之上，对课堂教学中的师生活动便不必作太多的关注。教育写作者须先准确界定所需反思的这节课的应有知识结构形式，然后回望自身教学中对该类型知识结构的落实情况，再通过对"应然"和"实然"的对比分析，发现其中的差异，剖析形成差异的多方面原因，最终获取解决问题的理想方法。

此种类型的教学反思，多运用于语文学科的文本意义剖析。当教师或学生在教学中对来自课文或教参中的某些信息产生怀疑后，即可在课后对其展开深入研究，同时对课文或教参中提供的信息作多元探索。如此，或可以借助反思与探究而发现并纠正课文或教参的错误，或可以利用反思与探究修正教师与学生的思维偏差。

四、从研究者视角推敲课堂活动的实效性

教学反思不仅需要关注教学实践的合理性，而且需要关注教学活动的实效性。

教学活动的实效性，主要体现在活动内容的针对性、活动形式的科学性、活动结果的目标达成性三大方面。就其针对性而言，强调课堂活动内容紧扣教学目标和具体学情而展开，能够以"短平快"方式解决的问题，便不作无价值的迂回，更不要故弄玄虚的花招。就其科学性而言，强调课堂活动形式符合知识传递的客观规律，符合学生的身心发展规律和认知规律。就其目标达成性而言，强调单位时间内的信息传递效率，强调知识信息的动态延展。

写作该类型的教学反思文章时，反思者的关注点，不在于课堂上"我"做了什么，也不在于课堂上学生做了什么，而在于这样"做"是否最具实效性。反思者需斟酌课堂活动中设计的问题是否指向明确，需推敲问题提出的

时机是否恰当，需思考创设的活动情境是否足以推动绝大多数学生积极主动地学习，需探究是否还有更经济、更合理的方式用来激活课堂……当反思者从这些层面作立体性反思时，便是从研究者的视角省察自身的教学行为。

研究者视角的最大价值，在于理性观察科学分析。研究者不会自满于表面上的成功，而是会静心解析成功背后隐藏着的可以复制的内容，并将其粘贴到未来的每一节课中，用这一节课的成功作良种，收获更多的成功。研究者也不会妄自菲薄，被一节课中的失败击倒，而是会冷静寻找失败中包含着的各种病因，然后逐个解剖，探索诊疗良方。

此种类型的教学反思，对反思者的学养要求较高。当反思者自身的知识积淀不足以支撑其思维认知时，便很难透过课堂活动的表象而发现内在的因果关联。教育写作者不必为此而灰心丧气，只要坚持专业阅读，坚持专业写作，便会在不久的将来拥有透过现象看本质的能力。

第12讲 教学反思中的思维路径

绝大多数的教学反思文章，来自课堂教学实践中的非常态的教学感受。所谓的"非常态"，或是指向教学实践中收获的非预期的愉悦体验，或是指向教学实践中遭遇的非预期的挫败。只有能够引起教者内心情感波澜的教学行为及其结果，才能够激发出自觉主动的教学反思。

基于上述写作动因，可将教学反思区分为"经验性反思"和"教训性反思"两大类型。经验性反思注重于从偶然出现的精彩中提炼出必然存在的规律性元素，再将其推广运用到日常教学行为中；教训性反思侧重于分析形成挫败的各方面因素，并在诸多病因中发现居于主导地位的元素，然后运用适宜的教学理论分析之，寻找并发现解决问题的最佳方案。

一、经验性反思的常规思维路径

教学反思与其他类型教育教学文章的最大差异，在于教学反思是写给写作者自身的文字。教学反思的价值，不在于告知读者"我"在做什么，取得了什么样的成就，或遭遇了什么样的挫败，而是要通过对课堂教学实践的回望，发现并提炼出存在于偶然现象中的必然，推动"我"的教学一步步走出感性走进理性。

此种"读者意义"，决定了教学反思必须摒弃一切藻饰，直指本质规律。写作经验性教学反思时，只需对课堂中出现的精彩片段作实事求是的陈述与分析，不作或少作附着了情感元素的描绘渲染，更不作空泛的抒情议论。

陈述与分析教学实践中获取的经验时，常规思维路径为"是什么—为什么—怎么样"。

反思"是什么"是经验性反思的起点。可采用实录节选的方式呈现课堂中的精彩片段,也可以采用概述的方式客观陈述师生间的活动。该部分文字不宜过多,一般情况下,不应超过全文30%的篇幅。

反思"为什么"是经验性反思的核心。该核心需思考下述系列问题——

为什么此处的教学活动能够形成这样的精彩?

此种精彩,来自我的预设,还是来自课堂的临时生成?

倘若来自预设,那么,预设的学理支撑是什么?同类型文本的教学中,同类型的预设是否也同样带来此种精彩?

倘若来自临时生成,那么,此种临时生成需要什么样的教学情境?此种教学情境是否具有可复制性?

此种精彩适应了什么样的教学需求?为什么能够赢得学生的有意关注?

这样的关注,契合了什么样的课程教学需要?

……

反思"怎么样"是由经验走向理性的关键。该环节需思考的问题为——

此条成功路径之外,是否还有其他的成功路径存在?如果有,各路径中的差异何在?

此种精彩中,是否还存在着某些瑕疵?可以通过什么样的方法使其更加完善?

此种精彩中,可提炼出何种教学技能?这样的教学技能,又该如何在以后的教学中不断运用?

此种精彩,是否受限于具体的教学内容?

……

这一连串的思考,是推动教学反思由表面上的欢愉走向内核中的理性的关键。只有经得住如此追问的成功,才是真正的教学成功。一旦承受不了这样的追问,则那种被认为是成功经验的教学行为,便只能是错觉与假象。

二、教训性反思的常规思维路径

"吃一堑，长一智"是教训性反思的写作着眼点。教训性反思不是如祥林嫂那般诉说一个"我真傻"的故事，而是在经历了挫败之后冷静地回望创伤，认真分析形成创伤的前因后果，从课程、目标、问题、活动、学情等多方面审视课堂活动中存在的各种欠缺，发现自身教学中的短板，积极探求自我救赎的良方。

写作教训性反思的常规思维路径为"呈现—分析—比照—构想"。

呈现教学中的挫败故事时，在纯客观介绍的基础上可作适当的情感渲染，比如写一点过程中的心理活动。心理活动的价值在于创设特定的阅读情境，既为教学反思提供情感依据，也用来唤起阅读者的情感体验。

分析是教学反思的最重要环节。教训性教学反思中的分析，大体上应依照先解析直接原因、再挖掘隐藏着的深层原因、最后归结出根本原因的章法。其中，直接原因的解析，需从师生双方进行，不能把自己置于永远正确的位置上，只分析学生的过错。隐藏着的深层原因的挖掘，可依次从教学行为的合理性与可行性、学生学习目标的明确性与学习状态的主动性、生生互动及师生互动中的平等性等视角渐次展开。根本原因的归结则只能从教师自身进行解剖。教学反思者必须明白，课堂上的所有挫败，必然与教师的教学行为、教学主张、教学机智紧密关联。反思教学中遭遇的挫败，正是为了发现自身的短板。

比照是推动反思走向深入的有效方法。在深刻分析的基础上，反思者可以在文章中引入同一话题下的某一成功案例作对比，通过对他人或自身成功经验的归纳，进一步挖掘遭遇到的挫败中存在的各种问题。一般情况下，比照环节的文字不宜太多，对他人成功案例的介绍也以概述为主，切勿作过多的直接引用。

构想的价值在于探寻解决问题的理想路径与方法。既然已经通过多层次的分析，找寻到了形成课堂挫败的多方面原因，就需要针对这些病因，预设各种行之有效的办法，或调整教学内容，使之与学生的实际理解力相一致；或精心创设适宜的教学情境，使学生能在特定情境中一步步走向思维的深处；或巧妙安排课堂活动形式，让每一个学生都能在活动中拥有自己的独特位置。构想不是脱离教学实际的完美创造，而是下一个课时便需落实的具体方案。这样的方案，一旦在随后的实践中发现了欠缺，仍需用新的反思予以弥补和修正。

三、超越常态的个性化思维路径

当教育写作成为一种常态化的生活后，来自课堂的教学反思便必然要超越于显见的经验与教训，走向持久性的教学研究。而以教学规律探寻为目标的教学研究，体现在教学反思的写作上，其思维路径也必然具有超越常态的个性。此种个性，不指向课堂教学中的偶然性得失，而是指向教师在相当长的一段时间内拥有的教学理念，指向该理念支撑下的各种教学策略、教学方法、教学技能、教学态度、教学情感。这类教师的教学反思，一段时间内只围绕一个研究点而展开，具有明显的体系化特征。

此类型的教学反思，可依循的思维路径为"展示预设的研究内容—陈述教学中的实践状态—归结实践中取得的成绩，同时解析存在的问题—分析影响成败的各种原因—确立下一步研究中的核心目标—确定下一步研究中的具体方法"。

比如，某教师申报了一项科研课题，拟用三年时间系统化探究课堂活动中的主问题设计与课堂有效对话的关系。为将该研究落到实处，该教师计划针对该课题的研究内容，每天坚持写作教学反思。此种教学反思，显然需要紧扣课题研究内容而展开，且应该依照课题的研究计划，在不同的时间段内集中探究某一个子项目的研究内容。如研究的第一个月，可只反思主问题设计与课程目标落实的关系。每一篇教学反思，都指向这同一研究点，都先依照具体的教学内容，合理预设课题研究内容，再概述本课时教学实践中该研究点的落实情况，然后归纳课堂中获取的成功经验，发现的存在问题，在此基础上再作学理分析，多层面挖掘影响成败的各种因素，此后适度修订下一阶段的实验计划，形成可行性方案……

当实验者每天用文字记录下这样的教学反思时，形成的每一篇文章也就都成了科研课题的最珍贵的资料。这样的反思，带着问题而展开，具有极强的主动性。较之于上述的经验性反思和教训性反思，更有利于教师的专业发展。真正意义上的教学反思，就应该参照此种模式，持久地、目标明晰地朝向思维的纵深处推进。

第13讲 教学反思中的深度拓展

独特的反思视角和严谨的思维路径，为高质量的教学反思提供了足够丰富的学理支撑。然而，仅有这两点，还不足以写出一篇高水准的教学反思文章。教育写作者还必须养成穷追不舍的思维意识，在精选的视角和固有的路径中，既能发现他人能够发现的风景，又能感悟他人不能感悟的意义，收获他人无法收获的感触。

这样的思维能力与写作能力，当然不是朝夕之功。但只要明白其中的道理，并依照这样的道理勤于训练，或许写出来的每一篇教学反思都会朝向深度拓展迈进一大步。

写作教学反思时，下述四种方法有利于发现独特的意义，写成视角独特、思维清晰、观念新颖、论证严谨的教学反思文章。

一、立足知识反思教学内容

回望一节课的得失时，最先关注的应该是知识。

并非所有的教师都清楚地知晓每一节课该教给学生什么样的知识。文科背景的各门学科中，相当数量的教师只是跟着教材内容跑，并未养成对教材内容合理取舍的能力。但网络上可以搜索到的教学反思文字中，90%以上的反思者却都想当然地将教学反思建立在教学内容合理的前提之下，极少有人会转换思路，从课程建设的角度反思自己的教学内容取舍的合理性。这样的教学反思，必然缺乏思考的深度，无法解决真正的教学问题。

具有思维深度的教学反思，回望教学实践中的内容选择与重难点安排时，就需要站立在课程的高峰之上俯视每一节课的具体知识信息。此种反思的着眼点在于——我选择的教学内容，真的是本课时应该教学的内容吗？该内容中需要落实的知识信息，哪些属于学生已经知晓的，哪些属于本课时必须引导学生掌握的？不同类型的学生，对已经知晓的知识存在着何种程度的遗忘？课堂上需要花费多少时间、用何种方法引导学生复习旧知识？必须掌握的知识中，重点是什么，难点又是什么？我在处理重难点时，是否突出了重点，强化了难点？有了这样的反思，才能将具体课时的教学活动置放于完整的课程知识体系框架之内，从知识的内在关联、学生的思维发展、教学活动的合理安排等视角综合考量。

二、立足能力反思教学活动

在教学内容安排合理、教学重难点设计精当的前提下，教学反思需聚焦于课堂教学活动的预设与实行。活动是让静态的知识向动态的能力转换的关键。一节课的教学中没有精巧的课堂活动，便无法激活学生的学习思维，无法调动起学生运用知识解决各类学习问题的积极性，也就无法达成能力培养的教学目标。

反思课堂教学活动时，可依次从下述五个层面进行审视：

其一，本课时教学是否预设了必要的活动。如果未预设，原因是什么？如果预设了，则该预设是否得到了有效落实？活动实效与预想效果有何差异？

其二，预设的活动，与本课时的教学重难点是否紧密相关？活动是否有利于激活学生的学习思维，为更好地掌握学习内容服务？

其三，课堂教学中是否出现了临时生成的精彩活动？如果有，这样的精彩是否可以转化为以后教学中的必然性预设？

其四，无论是预设的活动，还是临时生成的活动，其成功之处有哪些，需改进之处又有哪些？

其五，课堂中出现的各种活动，哪些指向知识的积累，哪些指向能力的培养，哪些指向综合素养的积淀？哪些指向当下的学习需要，哪些指向未来的发展需要？在活动的时间安排、方向掌控、技能点拨等方面，还有哪些需要特别关注的内容？

这五个层面，如五级台阶，引导着教学反思一步步走向思维的深处。有了这样的拷问，课堂上组织的各种活动才能经得住推敲，才能避免教学行为的随意性。写作教学反思的文章时，也只有关注了这些内容，并以此为依凭而盘点各种课堂活动，才能去伪存真、去粗取精，用真活动培养真能力。

三、立足成长反思教学行为

反思了教学内容安排与教学活动开展两大基础性教学任务之后，教学反思者需转换思维方式，从相对宏观的视角审视一节课背后隐藏着的教育理念和教育情怀。

如果说对教学内容的审视体现了对"教什么"的理性回望，对教学活动的推敲体现了对"怎么样教"的科学分析，那么，对教学行为的反思所体现的，便是对"为什么教"的深度追问。同样的一节新授课，出于考试需要而教，与出于成长需要而教，其"教什么""怎么样教"会体现出极大的差异性。虽然二者都有可能精选教学内容，都会精心构设教学活动，但着力点和最终的目标指向终究不同。

立足成长需求而反思教学行为时，教学反思者对教育教学的思考便超越了"技"的诉求，走向了"道"的追随。

此种反思的关注点，主要体现为下述几个方面：

其一，我的课堂上，教学内容的选择，是基于"考试大纲"的要求，还是基于"课程目标"的要求？

其二，我的课堂上，教学活动的安排，是基于传授具体的知识，还是基于激活学生的学习思维？

其三，我的课堂上，是否尊重了不同接受能力的学生的学习需求，是否积极创设了教学情境，让每一个学生都快乐地投入到学习过程中？

其四，我是否在教学活动过程中有效关注了不同类型学生的学习质态，是否在承认能力差异的前提下，想方设法让学力稍弱者收获了成功的愉悦？

其五，我是否在固定的教学内容之外，注意了课堂与社会的有效关联，把应该知晓的社会问题引入教学过程中,并引导学生学会理性地观察社会,感悟人生?

此类反思,是促使教学反思者由"经师"向"人师"转化的重要抓手。一位教师,如果能在每一节课之后,都站在这样的思维高度回顾自己的课堂活动,便会一步步走出教学的功利化追求,走向以育人为根本的教学本真境界。

四、立足生命反思学习质态

经由上述三个层级的教学反思,教育写作者对以教师为主体的"教"的行为的回望与审视,已直达教育教学的本源。但这还不够,还需要进一步转换思维,对以学生为主体的"学"的行为作一系统性梳理。毕竟,检验一节课的教学价值的最重要指标,不是教师教了多少,而是学生获得了多少。

学生的课堂获得,当然包括知识、能力、情感、态度、价值观等多方面内容。要综合考量这些内容,最直接的观察点,是课堂活动中的学习质态。学生是否以积极的心态投入到特定的学习情境中,是否主动观察、积极思考、愉快感悟,是评价一节课优劣的重要指标。

一堂成功的课,必然是学生的学习热情被充分激活的课。倘若一节课在教学过程中及教学任务完成后,学生的脸上看不到多少兴奋与愉悦的表情,则不论这节课传授了多少"重要"的知识,都算不得一节高水准的课。这样的"平静"的课,只有单向的知识传递,没有学生与知识间的亲密"对话",没有发自灵魂深处的思考与发现的快乐,便属于"生命不在场"的课,属于必须深刻反思的课。

很多时刻,身为教师的我们习惯于将课堂上的"生命不在场"归结为学生学习目标不明确,学习缺乏主动性。倘若只作这样的"反思",便是推卸责任,为自身的失败寻找自我开脱的理由。真正的教学反思者,必须懂得站在学生的立场上观察课堂,必须从学生的身心发展需要出发,了解学生需要什么样的知识,渴望什么样的课堂活动,追求什么样的成长方式,才能在反思中不断修正"教师中心""知识中心""能力中心"的认知偏差,将教育教学引入"学生中心""生命中心"的正确方向。

第14讲 教学反思与课程意识

反思的本质是对话，是反思者与教学内容、教学设计、教学活动、学生学习状态等诸多教学元素的对话。所有对话得以顺利进行的前提，是必须站立在课程这一言语平台之上，一切以课程目标为根本。一旦离开了课程这一平台，教学反思便极易沦为自我陶醉式的呓语，或自我忏悔式的呢喃。这两种表达，都不会形成真正的"思"。

事实上，所有的教育写作都离不开课程这一言语平台。因为，所有的教育教学活动，都是相关课程元素作用于具体课堂的产物。直接对课堂教学进行回顾与展望的教学反思，更是无法脱离了课程而独立存在。教学反思与课程意识，是水流与堤岸的关系。失去了堤岸，水流便脱离了应有的方向与约束，成了四处游荡的流浪者。

一、该教的、想教的与在教的

绝大多数的教学反思，侧重于探究教学任务落实过程中存在的各类问题。其反思的着眼点，在于预设的教学任务和实际完成的教学任务间的非吻合之处。如果实际完成的教学任务超出了当初的预设，往往被视作"生成"了意外的精彩。如果实际完成的教学任务未满足当初的预设，则被视作课堂的缺憾。

如果只是针对某一教学法进行回望与归纳，这样的反思确有一定的价值。若是站在学科知识体系化建构的高度，则会发现这样的反思存在着明显的认知偏差。比如，执教任意一篇语文课文时，善于创设问题情境的优秀教师，往往能够从最容易被人忽视的细节中捕捉到"意料之外，情理之中"的精彩。孤立地看待这节课，教学反思者会为自己的这份精妙而自得，只有将其放到应有的课程体系中，才能发现此种教学安排偏离了教材的核心教学任务。

这便涉及教学反思中不得不关注的几个话题：该教的、想教的与在教的。该教的，是由课程目标而分解出的单元目标、课时目标指向的具体教学内容；想教的，是教师依照自身的认知能力而确立的具体教学内容；在教的，是课堂上实际呈现出的教学内容。此三者中，后两者必须服务于第一者。只有"想教的"与"在教的"切合了"该教的"，教学行为才具有有效性。否则，就算是课堂教学活动无限精彩，也极有可能是"精彩"着别人家的精彩。

下面这则教学反思，就存在着这方面的问题：

开学第一节课就要准备讲《林黛玉进贾府》，怎样在短短的几课时里，把这篇文章讲全讲好？这个问题摆在了我的面前。

首先我想到，为使学生理解本文的内容和这一节在全书中的作用，简要介绍《红楼梦》的内容、主要人物关系，应该是必不可少的。

其次，对于这篇小说的教学重点，我放在了抓住小说对不同人物的不同描写手法，分析人物性格与特点，体会《红楼梦》在艺术方面的伟大成就上。

再次，《红楼梦》的语言是母语运用的典范，无论是叙述语言还是人物语言，都运用得十分纯熟，因此，学习本文还要注意揣摩语言，体会小说语言运用的高妙与精彩。

当然，越是伟大的小说，内涵越是丰富与深邃，对其中人物的评价越易见仁见智，因此，教学中要注意尊重学生个人的理解，引导他们更加全面与深刻地把握人物的性格与精神特征，理解小说的深刻内涵与精神价值。

我动了脑筋，精美的课件，充实的内容，诱人的导语，曲折的情节，网络式的人物结构，学生的积极配合，四节课，我们遨游在红学的海洋，同学们对《红楼梦》充满了向往。我也很充实，我了解到：如果你是一个有心人，一定得做好本职工作，这样，才会有生活下去的好心情！

——节选自网易博客中某教师的博客文章

此则反思从第一句话开始,便暴露出了课程意识缺乏的问题。教师执教《林黛玉进贾府》这样的课文,不是立足课程目标而准确界定教学重难点,而是幻想着用四个课时"把这篇文章讲全讲好"。此种面面俱到的教学理念,必然带来"想教的"与"该教的""在教的"间的冲突。

二、该做的、想做的与在做的

教学反思中的课程意识,既体现在教学目标的定位上,也体现在教学活动的开展上。所有的课堂活动,均应是课程目标引领下的学习行为,绝不能偏离了课程目标这一核心,追求形式上的热闹或感动。

下面这则教学反思,在教学活动的安排上,显然缺乏应有的课程意识:

上完这一堂课,我欣喜于学生的思想感情得到了一次"洗礼",就连班上平时最调皮捣蛋不爱学习的学生都聚精会神,并在发言时表达了对父母的歉疚之情,而且之后确实有了可喜的转变:可以说这堂课在情感目标的实现上是十分成功的。语文课,也绝不仅仅在于教学生语文知识,它具有多重功能。像本课《散步》的教学,知识上没什么难点,课文分析上也并不太难,但人物与文章的主题思想却是可以挖掘的,可以和生活实际相联系的。所以,我把这一课的重点放在学生思想情感的激发上,让他们通过学习课文得到一些启示和触动。现在的孩子以自我为中心,听不进大人的话,那如何让学生变得成熟与懂事呢?作为教育工作者就应该利用一切可用的方式适时对学生进行教育,语文课也便成了德育的一个强有力的载体和平台。《散步》就是一篇不可多得的进行亲情教育的文章。

除了让学生研读文本,从文章字里行间去挖掘情感因素之外,我还充分利用了网络、多媒体等现代科学技术手段。

从《散步》这一堂课看,语文教学是对学生进行思想情感教育的极佳载体。一篇篇名家名作,一堂堂精彩纷呈、激情四溢的语文课,对学生形成正确的人生观和价值观,具有重大的指导作用。作为一名语文教师,更应该在完成语文教学任务的同时，丰富语文教学的育人功能，使学生在学会知识的同时，更学会怎样去做人。

——节选自网易博客中某教师的博客文章

由反思中呈现的文字可知，该课文的教学目标被教者确立为激发学生的思想情感。为了实现这样的目标，该教师"除了让学生研读文本，从文章字里行间去挖掘情感因素之外"，"还充分利用了网络、多媒体等现代科学技术手段"。可惜的是，这些技术手段指向了"亲情教育"，而非指向"用文字传递亲情的方式与方法"，其课堂教学便偏离了语文课程的应有轨道，进入了伦理课教学的范畴。

这则反思中，教师"想做的"与"在做的"保持了一致性，但都违背了"该做的"这一根本。语文教学中，类似的病症很多。为数不少的教师并不能意识到这是一种错误，反而会认为自己教出了个性，落实了文本的最大价值。

三、该呈现的、想呈现的与在呈现的

从"结果呈现"这一视角反思课堂时，依旧需要以课程意识为依托。

网络上，为数众多的教学反思中，会出现"学生很配合""学生配合得很好"之类的陈述性话语。这样的"反思"，等于告诉所有的读者，学生只是在配合老师来一场演出，演出的主角是教师，学生只是配角。这样的教学反思，永远也不会促进教师的专业成长，更无法在期刊上发表出来。

此种认知错位，病因依旧在于缺乏课程意识。此类"反思"中，"想呈现的"只是教师的才华，"在呈现的"也只是教师才华展示的方式与方法。这两种目的，均将学生排除在外，最多只是将学生视作教师才华展示的助演嘉宾。

事实上，即使是竞赛课、展示课，其着眼点也不在于呈现教师个体的学养与修为，而在于呈现教师运用自身的学养与修为引领学生探索知识奥秘的过程，在于呈现此过程中显现出的精妙的活动，呈现此过程中学习思维被一步步激活、学习能力得到一步步提升后学习主体——学生——绽放出的最美好的学习质态。教学反思该呈现的，只能是学生们在课堂上的表现。

下面这则教学反思片段，将写作的着力点放在学习活动过程的客观呈现上，注重回望课堂活动过程的合理性。这样的教学反思，就较好地落实了"该呈现的""想呈现的""在呈现的"三者的一致性：

认识量角器这一环节，先让学生观察自己的量角器。在量角器上你发现了什么？同桌讨论，全班交流。新鲜的事物总是能吸引学生的注意，学生的观察是认真的、仔细的，汇报发现也很积极，我给予肯定和表扬。然后引导归纳小结，这个环节学生自主探究，从中体验了探索的乐趣。紧接着提出怎样用量角器去量一个角，激发学生往下学习的欲望。

学生尝试量角，探求量角的方法。学生看到的只是一个静态的、完整的角，还没有认识到角是由一条射线绕端点旋转而成，不明白量角时为什么量角器中间那个点对准角的顶点，零线对准角的一边，另一边看刻度。学生对于角的旋转过程和方向没有建立表象加以认识，自然读角的刻度时很茫然，弄不明白什么情况看外刻度线上的数或内刻度线上的数。尽管有的同学会量，也不知所以然，说不出理由，因为学生的理解抽象思维远逊于对形象的记忆。教学中我注重引导学生去寻找量角的方法：中心对准角的顶点，就意味着量角器上有角的顶点；零线对准角的一条边，另一条边旋转到量角器的另一条刻度线上，说明你要量的角就是量角器上形成的这个角。教学时发现学生比较容易认错刻度，因为每条长刻度线上都有两个数，这是教学的一个难点。我组织学生小组讨论，有什么好方法来突破这个难点，之后请学生发言。有的说："与量角器的零刻度线重合的这条边对着的0是在内圈的，另一条边就看内圈的数字，如果对着的0是在外圈的，另一条边就看外圈的数字。"还有的说："我先判断画的角，如果是锐角就认刻度线上的小数，如果是钝角就认刻度线上的大数。"

在这个时机引导总结出量角的方法：

"中心对顶点，零线对一边，另一边认刻度，内外分清楚。"还真不能小看学生的力量，他们总结的方法很适合大家用。给学生留出思考、探究的时间和空间得出结论,比教师一一讲授要好。

此片段的反思重点,不是学生如何"配合"教师完成教学任务,而是教师如何引领学生探究知识。这样的反思,挖掘出了学生在课堂学习中的"力量",认识到了教师的"教"的局限性。这才是基于课程意识而写作的教学反思。

第15讲　教学论文的宏观认知

本节文字及之后各节文字中探究的教学论文，特指以课堂教学的目标、行为、结果及学生的学习心理等教学元素为研究对象，以议论为主要表达方式，以相关教学理论为立论根基，以源自教学实际的真实案例为事实论据的学理阐释文本。此类文章，既需要有明晰的论点、翔实的论据材料和严谨的论证过程，又需要贴近一线教学的实际需要，着力于研讨教学中不得不面对的各类疑难问题。

过去的二三十年间，因为职称评定的特殊需要，基础教育阶段的每一名教师，都或是被动、或是主动地撰写过一定数量的学科教学论文。遗憾的是，大多数教师撰写的大多数论文，无法获得期刊编辑的垂青。于是，有人质疑编辑们只采用名人稿件和熟人稿件，根本不关注奋战于教学一线的草根教师的文章；有人掏出辛苦挣得的工资，"恭敬"地交给某些出版商，在收费刊物上为自己的文字谋得一席之地。

事实上，教学论文不能正式发表的责任大多在于写作者自身。我自2005年担任一家期刊的特约编辑始，见识过太多的既无应有的写作章法，又无应有的教学思想的所谓教学论文。这类文章，要么堆砌一大堆东拼西凑的理论；要么只凭感性的教学经验而武断地形成结论；要么语言拉杂，内容详略不当；要么观点陈旧，论证逻辑混乱……更有一些文章，错字病句成堆，一看便知未作认真的修改。这样的文章，有何资格获得编辑的认可？

教学论文该如何写，才能获得编辑的青睐呢？宏观上而言，应落实好下述四点内容。

一、关注热点问题，让观点"新"起来

飞速发展的时代中，传统的教学形式总是不断遭遇各种挑战。且不说国家层面的各种教育改革，单是地方学校层面的课堂创新和互联网背景下的教学方式的颠覆，就足以让每一位教育工作者眼花缭乱、应接不暇。身处此种变革之中，倘若依旧采取"躲进小楼成一统，管他冬夏与春秋"的态度，对新出现的各种教育教学现象不思考不研究，则写出来的教学论文，注定无法跟上社会的发展步伐，无法满足读者的阅读需要，也就无法公开发表。

但这不等于说关注了教育教学中的热点问题，文章便能够被认同。在教学论文中探究教育教学热点问题时，既可以结合当下的教学实际，剖析新出现的教学改革模式的可行性与合理性；也可以通过深入地研究和主动地实验，阐释"互联网+"教学方式的应用技能、注意要点与发展前景；还可以对比新模式新方法与传统模式传统方法间的差异，寻求传统与现代对接的最佳路径；亦可以针对新理念新模式中出现的各种问题进行诊疗，为他人敲响警钟……"关注"的本质既不是全盘接受，也不是全盘否定。教学论文的写作者只有对需阐述的问题持有深刻且独到的理解，并在此基础上形成了与众不同的认知，作出了与众不同的学理分析，文章才有被报刊接纳的可能。

《语文课改中民族精神的张扬与颠覆》是我发表于2005年第6期《中学语文》上的一篇教学论文。该文就是针对当时语文教学中出现的"颠覆传统认知、重构文本意义"的热点问题而作出的思考与批判。在这篇文章中，我分别从现实课堂的乱象、学生认知思维的时代局限、语文学科的课程目标要求、人文素养培养的应有方式、民族精神的价值意义等视角，围绕几则典型教学案例进行剖析。这篇文章通过邮箱发给《中学语文》编辑部时，聂进社长亲自打电话给我，给予该文以极高的评价，并嘱我以后再有类似的论文，直接发给他阅读，优先发表。那时，我只是一名极其普通的语文教师，与聂进先生从无交集。他不过是欣赏了我的写作视角，欣赏了我的思考与我的文字，进而推知我以后的文章的价值。该文发表后，即被中国人民大学书报资料中心主办的《中学语文教与学》全文转载。

由该例的成功可知，教学论文只要抓住了真实的教学热点，写出了独

特的、能够为大多数人所接受的见解，其语言表达也能够满足读者的欣赏要求，便完全能够得到编辑的赏识。所谓的"明珠投暗"，多数情况下，还是因为"明珠"本身的亮度欠缺。

二、探究难点问题，让思考"深"起来

在"互联网+"的教学背景下，传统课堂结构形式遭遇到了前所未有的挑战。面对着翻转课堂、慕课、网络公开课、云课程等诸多新生事物，身为教师的我们，应该如何立足自身的学科特点而组织我们的教学活动呢？这显然构成了教学中的难点问题。

面对此种教学难点，需要思考的不仅是信息技术的应用问题，还包括了信息技术背景下的教师备课、教学流程设计、教学活动开展、教学资源重组、课后作业布置等诸多问题。当教学论文的写作者能够由一个显性的难点问题深入思考下去，将思维的触角触及学科教学的所有过程，则其写出来的教学论文也就有了超越多数人的认知深度的新深度，文章也就具有了拓展读者思维深度、提升读者思维品质的阅读价值。这样的文章，当然也就容易发表。

《网络环境下的语文课教学构想》发表于2009年第10期《中学语文》。写作该文时，"互联网+"的概念尚未诞生。那时，我由现实中的课堂教学状态发现了很多不得不思考的教学问题，便希望用自己的思考，为依旧死守着传统教学模式的同行敲敲警钟。

文章中，我从网络环境下的备课、网络环境下的课堂教学、网络环境下的课后练习三个视角，致力于探究网络与学科教学的多方面关联。比如，将"网络环境下的备课"细化为"弱水三千，取哪一瓢饮？""繁花似锦，如何留一份自我？""学海无涯，授鱼还是授渔？"三个层面，分别探究网络信息资源的选择、应用与教学理念转变等问题。将"网络环境下的课堂教学"分解为"过程重构，学生成为真正的学习主体""举三反一，在哲思的熔炉里冶炼'天眼'""教材重构，能力成为第一需要"三个分论点，分别探寻网络环境下的课堂教学流程、网络环境下的课堂拓展、网络环境下的教材重

组等问题。将"网络环境下的课后练习"分解为"技能培养是练习的重点目标""有效互动是练习的必然方式""特长发挥是练习的理想果实"三个分论点，分别阐述网络环境下的听说读写训练的新价值、新方式与新主张。此种体系化的思考，在特定的时代背景下既具有一定的超前性，又具有思考的深刻性。

该篇教学论文的写作思路与结构形式，并非只适用于语文学科。所有的学科都面临着同样的网络教学环境，也就都应该思考网络环境下的学科教学的若干问题。试想，今天的备课，有几名教师不是依托网络资源？面对网络上无限缤纷的信息和无数现成的教案，又该如何选择？名师的教案可以直接拿到课堂上操作吗？凡此种种，思考进去了，才会收获独特的见解。有了独特的见解，才会诞生有思想深度的、具有发表价值的文章。

三、立足教学实际，让教研"实"起来

上述两点，均是立足于宏观性教学问题而形成的思考。在宏观之外，教学论文也需要致力于探究微观性教学问题，比如教学目标如何确立、新课导语如何设计、课堂主问题如何形成、课堂巩固训练如何开展等等。任何一名教师，一旦对这些问题的认知出现了偏差，其课堂教学必然陷入高耗低效的泥淖。

写作此类型的教学论文时，有两方面内容需要注意。

其一，一篇教学论文只围绕一个核心问题进行探究，集中兵力打歼灭战，切不可求全贪多，什么都想谈一谈，结果什么也谈不清楚。

近三年中，围绕着语文学科教学中的若干细节性问题，我撰写过四个系列的二十篇教学论文。这四个系列分别是"高中语文选修课教学的构想与实践""文学类文本教学的五大抓手""文言教学法例谈""古代诗歌教学法例谈"。每个系列均由五篇论文构成。二十篇教学论文中，每一篇文章都只围绕教学实践中的一个具体问题而作多视角的分析探究。比如：

写作"高中语文选修课教学的构想与实践"系列论文时，我分别从"选修教材的文本属性与课程属性""选修课的功能定位""选修课的教学策

略""选修课的能力培养策略""选修课的评价策略"等五个角度进行探究。

写作"文学类文本教学的五大抓手"时，我分别抓住"作品中人物身份""课文中的关键词""课文中的精彩细节研读""课文中的问题串设计""课文的编者意义落实"等五个细节性问题而展开。每一个细节性问题，又都既呈现当下的教学现实，又分析其应有的规律。不但告诉读者需要注意什么，还告诉读者该如何去做。

写作"文言教学法例谈"时，我分别围绕"文言教学中的作者意义探究""文言教学中的取舍之道""文言教学中的问题情境创设""文言教学中的读者意义建构""文言教学中的读写结合训练"等五个教学要点进行剖析。

写作"古代诗歌教学法例谈"时，我则针对诗歌教学中容易被漠视的诵读、细读、造境、重构、去蔽等五个要点进行系统性阐释，既呈现其"是什么"，又剖析其"为什么"，还揭示其"怎么样"。

其二，必须舍弃对"我"在课堂上的所作所为的陈述，代之以符合教学规律的客观分析。不会写作教学论文的人，总是以自身的教学片段为论据证明观点，这样的说理便经不住推敲。毕竟，"我"的课堂教学行为，并非代表着教学的应有质态。

对于大多数一线教师而言，最主要的教学论文写作形式，就是此种类型。一线教师对教学理论的占有与理解多存在一定的缺陷，写作教学论文时便不必作过多的理论阐释。来自教学一线的教学论文，应扬长避短，立足教学的实际需要，探究教学的真实问题。

四、规范言说形式，让文本"美"起来

教学论文不同于教学日记。后者只有一个读者，前者则需面对无数个读者。

需要面对无数个读者的教学论文，自然应该拥有一种规范的言说形式。此种言说形式，无需锦辞丽句的藻饰，无需出神入化的构思，只需踏踏实实地陈述、认认真真地剖析，只需反反复复地自我阅读、反反复复地自我修改。

时常有一些人，文章完成后便急不可耐地发给编辑，似乎迟发了几分钟，便错过了发表的时间。这样的文章，除非写作者早已成竹在胸，否则必然存在这样那样的瑕疵。事实上，不管写作者有多高的水平，文章写成后还是需要先读一读，把写错的字、打错的标点、表达不精确的句子作一修改，然后将文章放一放，过个一两天，再对文章的结构、观点、论述过程等作精细的推敲，把可有可无的内容删掉，对不够连贯的内容进行调整，将表达不清的意义作进一步阐释。经过这样的沉淀和深加工，拿出来的文章才不会带有言说形式上的硬伤，才不会给编辑和读者留下坏印象。

在落实了上述工作的基础上，优秀的教学写作者还会在文章的词语运用、段落构成、主旨表达等细节性问题上作更精致的推敲。比如，教学论文的语言要力避口语化，要用典雅的书面语替代不规范的口语或方言；文章的段落不能太大，要注意一个段落尽量围绕一个关键词而展开分析；文章分解成几个写作部分时，每个部分的逻辑关系需合乎认知习惯，且每个部分的篇幅不宜相差过大；文章的主旨表达应尽量放置在文章的开头或结尾，且用最清晰的话语予以准确陈述。这些内容，看似无关紧要，实则是教学写作者综合素养的最直接呈现。

规范言说形式时，还有一个十分重要的内容：不掉书袋。有些教学写作者，似乎不在文章中引用一些高深的理论便无法展示自身的才华，总是在文章一开始便陈述一大堆云山雾罩的西方教学理论。这样的行为显然欠妥。适当引用本无过错，但如果引用来的理论未经消化，无法和后面的教学实践建立必要的逻辑关联，便等于取了一块洋膏药，生硬地贴到原本干净清纯的脸上，反而破坏了应有的美感。这一点，下一节文字将作具体剖析。

第16讲 教学论文写作中的四大误区

许许多多的人，生活在两套话语体系中。一套是日常生活话语体系，另一套是写文章或作报告的话语体系。前者展示着现实人生中的真实思考、真实情感与真实表达，后者往往带着厚厚的面纱、端坐在高高的架子之上，表达出的每一句话都正确，却又都缺乏具体而明晰的内涵。

写文章其实就是一种思想与情感的交流。这样的交流中，我们当然愿意与说真话、抒真情者自由地相处，倾听他们的真实心声。对于那些放之四海而皆准却又根本无法解决实际问题的话语，即使不是彻底地拒绝，也至少在一定程度上心存抵触。

明白了这样的道理，写作教学论文时便应尽量远离后一种话语体系，只将注意力放到真实思考、真实情感与真实表达上。倘若不懂得自动疏远后一种话语体系，则写出来的文章，势必落入教学论文的固有写作误区之中。

一、堆砌理论，故作高深

为数众多的教育写作者，闲暇时聊及教学问题时，多能够紧贴教学实际而条分缕析，不但抓得住问题的本质，而且思路清晰、言简意赅。一旦请他们将这样的思考形成文字，则往往总要在自己的认知之上，嫁接若干种时髦的教学理论。似乎没有了这些理论的支撑，自身的观点便丧失了立足之处，文章也缺乏了足够的深度。这便是另一套话语体系在作祟。

真正意义上的教学论文，固然离不开特定的教学理论的支撑，但所有的理论都必须服务于学理分析的具体需要。再高深的理论，进入教学论文中，也不过是充当支撑观点的论据材料。只要能够证明论点正确，一则典型的教学实践案例，与一则最为高深的教学理论，具有同等的论证价值。

与高等学府中的教学理论研究者相比，身处教学一线的我们的写作优势是占有大量的教学实践案例。高校的教授们长于引经据典，是因为他们终日沉溺在理论研究中。如果我们舍弃自己的优势，不在教学实践案例分析上多下功夫，而是四处搜罗一些半生不熟的教学理论，生硬地镶嵌到自己的文章中，则原本思路清晰、表意明确的教学论文，也会被我们折腾得华而不实、言不及义。

下面，以网络上的一篇"教学论文"为例，剖析隐藏于其中的此种病症。该"教学论文"题为"英语教育教学实践中的教学模式探讨"，共2600余字。

文章的第一段为综述，计146字，谈社会发展对英语人才的要求，引入"采用多模态的教学模式正是将学生的视觉和听觉结合起来，全面培养学生的交际能力、思维能力和团队合作能力"的观点。

综述之后，作者先用484字，围绕着"如何理解多模态教学模式"展开陈述。具体内容如下：

多模态教学模式始于英国，在改革开放后被引入中国，并结合国内的教学情况，逐渐转化为一种具有我国特色的教育模式。它是基于多模态话语分析的教学模式，使学生的所有感觉器官配合工作，达到听、说、读、写各个方面能力的提升。可以从以下几方面更全面地理解多模态教学模式：第一，课程设置多模态化。2007年《中学英语课程教学要求》中提出，要将综合英语、语言文化的层次划分开来，充分确保不同层次的学生对英语应用能力的提升。第二，教学内容多模态化。据实验对比，通过图像、声音、视频和动画等形式进行教学，要比"上传下达"的教学模式更能够吸引学生的注意力。在多媒体条件下呈现出来的教学内容更丰富，能够提升学生的学习兴趣。第三，教学互动多模态化。互交式教学方法是多模态教学模式的重点，它强调师生互动、人机互动和生生互动，全面培养学生的交际能力、团队协作能力及自主创造能力。第四，教学手段多模态化。顾曰国提出，能够调动单个感觉器官互动叫单模态，能够用到至少两个感觉器官的叫多模态。本中提出的多模态教学模式，是在使用现代化教学设备情况下，全面调动视觉和听觉器官，使人、机器、物件等之间形成互动的一种模式。

随后，作者开始阐述"中学英语教学中应用多模态教学模式的重要性"和"中学英语教育教学中多模态教学模式应用存在的问题"，共使用了1349字，分别归纳出"全面提升中学的教学质量""全面培养实用性英语人才""专业人才全面能力的培养"等三条意义，"教师观念不够现代化""学生参与程度不高""中学信息化程度低"等三个问题。这样的意义与问题，均只是直接告知，未提供相关证据材料。

最后，作者用647字，从"加大多模态教学宣传力度，开创新的教学方法""鼓励多实施互动教学模式，促进师生间的互动"两方面阐述"中学英语教育教学中如何实施多模态教学模式"这一论题。由"加大宣传力度""鼓励"等词汇可知，"如何实施"又被转移到了虚空的意义阐释之上。

将此文作外科手术式的解剖后，便会发现一个有趣的现象：该文章的作者，对"多模态教学模式"其实并无真正的了解，故其行文过程中，只能先将网络上搜索来的一些零碎的理论一股脑儿堆砌到文章的开头，然后便跳出该理论而空谈意义与问题，并在本该具体阐释相关方法时，依旧绕到意义分析上，无法对"多模态教学模式"在中学英语教学中的具体运用形式作详细论述。此种"教学论文"，看似在探究教学新理论和新方法，实际上只是堆砌一些并不理解的名词概念，并在此基础上作一些故作高深其实毫无价值的意义分析，根本无法解决实际教学中的任何问题。

二、乱贴标签，不讲逻辑

上文所举的"教学论文"《英语教育教学实践中的教学模式探讨》中，作者在阐述"中学英语教学中应用多模态教学模式的重要性"时，有这样几段文字，读来十分有趣：

（一）全面提升中学的教学质量

采用多模态的教学模式，将学生的视觉和听觉全面结合起来，使其集中注意力听老师的讲解，不仅调动了学生学习的积极性，而且有助于全面提升整个中学的教学质量，促进中学教育体制的改革。

（二）全面培养实用性英语人才

根据学生英语水平和学习需求，中学英语课程的设置主要分为三个层次：基础课程、提高课程和专门用途英语课程。专门用途英语课程是中学英语基础课程和提高课程的延续和拓展。

（三）专业人才全面能力的培养

多模态教学强调教学互动多模态化、教学手段多模态化，在现代化教学设备的环境下，注重学生实践能力、交际能力、创新能力、思维能力、感官接受程度等多方面能力的培养。通过多模态教学模式，不仅能够促进师生间和生生间的感情，而且有助于全面培养学生的综合能力和人文素质，这些是在传统的教学模式中很难感受到的。

第一个小标题的内容，作者未作任何分析推理，便武断地形成了"采用多模态的教学模式"便有助于"全面提升整个中学的教学质量，促进中学教育体制的改革"的结论。似乎只要学生能够在课堂上"集中注意力听老师的讲解"，一切教学问题便都迎刃而解。这样的思维，显然全无逻辑，大有"我说什么便是什么"的霸王风范。

第二个小标题的内容安排上，作者只是用小标题充当标签，硬贴在文字的额头上，全然不顾具体的文字与小标题内容全无关联。

第三个小标题的内容安排，又在重复第一个小标题的言说形式，只管大胆去说，全然不顾内在的逻辑关联。其对传统教学模式的否定，也同样毫无学理支撑，只是想要这么说，便这样去说。

由此病例可见，教学论文的写作过程中，如果不对涉及的相关内容作充分的学理分析，而是凭主观臆想随意地贴标签，将原本并无逻辑关联的行为生拉硬拽到一起，硬性"赋予"其因果关系或条件关系，则形成的文章必然经受不住逻辑推敲。

一篇教学论文，如果连基本的逻辑关系都不具备，又如何能够得到他人的认同？

三、跟风写作，缺乏主见

倘若从自身的经验积累、能力提升这一视角看待教学论文的写作，则写作者只要能够在教学实践中发现问题，便值得将其写成一篇教学论文。如果从专业期刊公开发表的视角研究教学论文的写作，则必须注意内容与观点的新颖性。任何一个教学问题，已经有作者对其进行过深入细致的研究，其他的研究者便必须另辟蹊径，发现新的言说角度，形成新的价值认知。若是只重复别人的内容与观点，文章便失去了公开发表的价值。

现实的教学情境中，为数不少的教师在写作教学论文时，不先借助一定量的阅读了解当下的热点教学问题，更不对这些热点问题作持久且深入的思考，只是凭借道听途说的信息，便想当然地开始了自身的教学论文的写作。其结果往往是尽心竭力探讨的问题，若干年前便有人做出过极为详尽的分析阐释。这样的论文，注定无法变成期刊文章。

也有不少教师，借助网络资源捕捉到了当下教学的热点，也阅读了一定量的相关文章，便以为抓住了最具价值的写作信息，闻风而动，开始了教学论文的写作。但其对教学热点的思考缺乏深度，其拥有的认知经验仅停留在感性判断的层面，未能真正深入到理性分析的层面。如此而形成的文章，同样无价值。上文所举的有关"多模态教学模式"的论文，便属于此种类型。

跟风写作并非全然不可取。对于身处教学一线的教育写作者而言，跟风写作只能是借"风"中的相关理论，吹开自身教学实践中的迷雾，发现课堂教学中存在的具体问题，去探求具体的解决问题的方法。只有这样思考，跟风写作才能够写出个性，才能够避免人云亦云。

我在担任特约编辑、专栏主持和论文竞赛评委的十多年间，每年都会阅读到为数众多的以新课程为主题的教学论文。一个主题，无数的作者写了无数的文章，其跟风队伍不可谓不壮观。此主题的文章，95%以上在重复他人早已陈述过的观点，了无新意。只有不到 5% 的作品，能够立足于课堂教学的某一新情况新问题而展开探索，用陈坛子装新酒。这样的文字，才有可能被发表或获奖。

四、本末倒置，文字虚空

无论写作何种内容的教学论文，文字的最终落脚点都应该是解决实际教学问题。

现实的写作情境中，相当数量的教师将教学论文的研究重心落在了意义分析上，忽视了对具体的教学行为的有效探究。这样的教学论文，往往不具备教研价值。

下面这则教学论文片段，就明显存在此种缺陷——

随着现代社会的日益发展，社会上需要越来越多全面发展的人才。因此现代教育的主要任务就是为社会培养大量的全面发展的人才。在此过程中，体育教育扮演着非常重要的作用，而体育教师在体育教育中是关键之所在。体育教师在教育过程中的首要任务是传授体育科学知识和体育技术及技能。随着社会的不断进步，新技术的不断革新，以及我国加入了 WTO，体育教师的教育任务更加繁重，体育教师不但要尽心尽力地为学生传授相关知识与技能，还应该跟随时代的脚步不断充实个人知识理念、丰富阅历，并且迅速将所见所闻所学倾囊授予学生；同时，还要与时俱进地更改体育科学知识与技能的传授方式，引入多媒体等新型科技进行教学，促使知识能够更加简单直观地呈现在学生面前，加深学生对所学习知识的印象。再者，体育教师应当想方设法地增加体育教学的互动性与趣味性，深度激发学生对体育科学知识与技术技能的兴趣，促使学生既喜欢体育也喜欢上体育课，从而彻底改变学生只喜欢体育却不喜欢上体育课的现状。这样，学生就能够在互动与趣味中学习到基本的体育理论知识，并且掌握一些必要的运动技巧与技能，真真正正地认真运用科学的方法来锻炼身体，提高个人的运动实践能力，并最终养成坚持锻炼身体的好习惯。

该片段节选自网络文章《教师在体育教育教学中的作用》，本段文字的分论点为"体育教师首先的作用是给学生传授体育科学知识与技术、技能"。阅读该片段后，我们能够获取的信息仅是体育教师应该传授体育科学知识与技术、技能，却不知道传授体育科学知识与技术、技能的具体方法，更不知道不同类型的传授行为能够产生的不同教学效果。教师应该传授知识与技术、技能，本是众所周知的常识。这样的文字，显然缺乏实际的教学研究价值，仅是说了一堆人人皆知、根本无需论证的废话。

此类只谈意义不谈方法的文章，绝大多数情况下无丁点儿的教学研究价值。这就如同有人用数十万字写一部教学专著，系统阐释教学改革的各种意义，结果却只字不提教学改革的具体内容、具体方法。这数十万字只能是一堆废纸。

对于置身一线的教学研究者而言，意义剖析永远居于次要地位。行之有效的方法，才是教学论文必须关注的重点。

第17讲 教学论文的立意策略

时常听到这样的话语：我也想写教学论文，但就是不知道该从何处写起。

对于初学者而言，这确实是一个难题。熟悉的内容总觉得不值得写，陌生的理论又写不出来。总是在阅读到他人的教学论文之后，才发现别人写出来的，其实自己也曾思考过、实践过。

经常性发表教学论文的一线教师，便很少遭遇这样的困惑。一位成熟的教育写作者，无论面对何种教学情境，总能够凭借自己的慧眼，迅速发现其中值得分析探究的教学问题。此种写作灵感，并非来自写作技能的熟能生巧，而是来自职业的敏感与洞察，来自日复一日的思考与实践。只有教学的有心人，才能一眼洞穿缤纷的表象，准确捕捉最具价值的写作视角，合理确立教学论文的最佳立意。

教学论文的最佳立意，可从下述四方面寻觅。

一、从教学的困顿处寻找突围之道

日常教学实践中，总有很多问题值得我们思考。宏观上看，教学目标的确立、教学方法的选择、教学流程的设计、教学活动的开展、教学效果的检测等等，每一个角度，都存在着若干个值得持久探究的理论问题或经验问题。微观上看，需要钻研的教学问题更是无处不在。新课导入是否合理？课堂提问是否精巧？问题情境是否贴近学生的真实学习需求？课堂活动是否兼顾到所有学生？作业布置是否体现出思维的梯度？……所有的问题，只要贴近学生的学习需要而展开，贴近具体的教学内容而展开，便具有深入思考的价值，具有写出教学论文的价值。

绝大多数的一线教师，终日生活于这些教学困顿之中。只是，很多人因为困惑太多，干脆放弃了思考与探究，以难得糊涂的心态，固守着陈旧的经验，依照惯性而日复一日地运转。只有少数人不甘平庸，偏好于从困顿处寻觅突围的最佳路径，便竭力打破惯性化的思维，在司空见惯的行为中发现不一样的教学机智。

我自2008年起，有感于教学中遭遇到的专业发展瓶颈而探寻语文课程体系的相关问题。最初，我思考的是每一篇课文承载的教学任务的内在差异，写出了该系列论文的第一篇作品《语文课，请丈量好自己的知识半径》。想明白该问题后，我又琢磨起不同类型的课文的文本价值最大化和课程价值最大化间的矛盾冲突，陆续写出了《意义消解，叙事类文本教学的必然》《语文教学，呼唤教材体系化》《语文，在舍弃中寻求完整》《立足根本课文，强化课程价值》《文本课程价值与课堂教学体系化研究》《语文教学中的"隐"与"显"》等教学论文。在此基础上，我又针对课堂活动中出现的头绪过多、问题过散等病症，致力于探究以学生的理解力为基础、以"走进文本—走进作者—走进生活—走进文化—走进心灵"为教学流程的特色化教学范式，出版了教学专著《语文教师的八节必修课》。此后，我对该系列的问题继续展开探究，在七年时间内先后申报了一个市级课题和一个省级课题，并以课题研究成果为素材，出版了教学专著《追寻语文的"三度"》《有滋有味教语文——语文教师应知的教学技巧》。至此，我用十年时间破解了自身教学中遭遇的认知困顿，以一篇论文为起点，催生出数十篇教学论文和三部教学专著，在国内语文界树立起"三度语文"的旗帜。

我的这些文章，始终瞄准教学中的困顿处而展开，主题集中，视角多元，层层推进，可以说是较好地落实了从教学的困顿处寻找文章立意的写作主张。

二、从阅读的顿悟处提炼教学策略

没有专业阅读,便没有专业写作。专业阅读与专业写作的关系,是源与流的关系。水源不枯竭,水流方能不断向前。

广义上的专业阅读,既包括对专业书籍、专业报刊的学习,也包括对教材、对他人教学经验与教学实践、对课堂活动、对学生学习质态等内容的思考与探究。上文所说的教学困顿,亦可以视作一种特殊的专业阅读"文本"。

此处所谈的阅读,特指对专业书籍、专业报刊的学习。此种阅读的价值,在于提升阅读者的思想高度,拓展阅读者的教育视野,使其能够站在更高的平台上审视教育教学中存在的各种问题。

我在阅读王荣生先生的《语文科课程论基础》时,读到其将课文区分为定篇、例文、样本、用件的内容,立刻对长时间纠缠不清的课文目标定位问题有了清晰的认识。有了这样的阅读顿悟,我便开始依照课文的文本特质与课程属性,大胆舍弃课文中非课程属性的相关信息,一节课只集中力量探究一个核心问题。我在《有滋有味教语文——语文教师应知的教学技巧》第二辑中阐释的"如何确立课时目标""如何设计课堂主问题""如何组织课堂活动""如何进行课堂拓展""如何实现长文短教"等教学技法,均可视作《语文科课程论基础》提供的相关理论和我的教学实践、教学思考相结合而诞生的教学新策略。

如果没有这样的专业阅读,我的教学实践便会因为缺少明晰的理论引领而陷入盲动,我的教学论文写作也会因为视野的狭窄而无法进入更为广阔的立意空间。类似的由专业阅读的顿悟处而提炼出的教学策略,我还在《童话,虚构中的真实世界》《生命需要点燃》《把精致训练进行到底》《语文,不是一种简单的存在》等教学论文中进行过零散的分析。这些教学论文的立意,全部来自专业阅读中的思考与感悟。

需要注意的是,来自专业书籍、专业报刊上的各种信息,并非完全契合我们的教学实践。专业阅读带给我们的,更多属于思想上的启迪、理论上的引领与技术上的示范,而非可以直接复制粘贴的操作程序。从教学论文写作这一角度而言,专业阅读只是打开一扇观察课堂的窗户,以这扇窗中所见的风景为参照，才能够发现教学中存在的缺陷，才能够提炼出有益的教学策略。

三、从课堂的生成处发现教学规律

教学过程中的精彩，一部分来自备课时的精心预设，另一部分来自课堂上的临时生成。

因预设而诞生的精彩，掌控于教师的教学技能，其内在学理意义清晰具体。大多数教师视其为应有的教学能力，多不以此为教学论文的立意点。

由临时生成而诞生的精彩，却是一种可遇而不可求的写作资源。面对此种精彩，只要选准立意点，便能创作出一篇精妙的教学论文。此类论文有利于发现并归纳学科教学中应有的教学规律。

以课堂上临时生成的精彩为教学论文的立意点时，需注意辨析下述问题。

第一，临时生成的精彩，是否偏离应有的课程目标？比如，课堂上突然出现了某个小插曲后，教师运用自身的教学智慧，将学生的注意力迅速收拢到应有的教学轨道上，并利用该小插曲的内容，拓展了学生的学习思维，激活了学生的自主学习的热情，则这样的临时生成值得深入研究。反之，临时生成的内容脱离了学科教学的应有范围，则无论课堂活动多么精彩，都只能作为教学病症而进行分析诊疗，不能作为成功案例进行挖掘提炼。

第二，临时生成的精彩，是否切合应有的教学规律？能够"生成"精彩的教学资源，主要体现为两种类型：一类为课堂上偶然出现的错误信息，如学生的认知错误、其他信息渠道上的知识错误、教师的教学失误等；另一类为课堂活动中因思维碰撞而激发出的新想法新见解，如例题的新解法、问题的新认知、思维的新触角等。以前一种类型的"生成"为立意点时，应先剖析形成失误的多方面原因，再详细分析纠正错误、形成精彩的过程中体现出的教学技能、教学理念与教学机智。以后一种类型的"生成"为立意点时，需侧重剖析该精彩中隐藏着的教学规律，努力探究偶然背后存在着的必然。

第三，临时生成的精彩，是否建立在学习思维全面"激活"的基础之上？任何时候，热闹都不等于精彩。课堂上，争先恐后地发言，热火朝天地讨论，并不代表学生的学习思维已经全面激活。故而，临时生成的精彩绝不指向低思维含量的喧闹，而是指向学习思维的激活与延展。教师如果能够在课堂上抓住某个临时生成的问题，巧妙创设教学情境，引导学生一步步走向思考的深度，使其发现原先未曾发现的意义，收获原先未曾经历的体验，且这些意义与体验又都从属于既定的课程目标，则此种临时生成的精彩，才值得写成教学论文。

此三方面问题，是决定该主题的教学论文写作价值的关键。事实上，这三者归结起来，依旧属于课程意识。教育写作者必须牢记，生成是课程目标统辖下的生成。离开了学科课程，任何生成都无价值。

四、从学生的成长处探求价值诉求

该立意点在教学论文写作中最重要又最容易被忽视。

绝大多数的教学论文，以教师的"教"为研究重点。文章着力探讨的，是"应该如何教""为什么这样教"等教学技法。

但学习的主体是学生。倘若从学生的"学"的角度研究教学问题，便是抓住了教学活动中最重要的元素，有利于从根本上解决相关的教学问题。

以学生的"学"为教学论文的立意点时，可从下述四个方面寻找写作突破口。

第一，课堂活动指向教师的"教"，还是指向学生的"学"？很多看起来很精彩的课堂教学活动，比如大型公开课，总是以展示教师的教学素养为出发点。这样的课堂上，学生大多沦为群众演员，协助教师共同上演一出精彩的演出。以该类型的教学案例为切入点，写作一篇教学论文时，如果将重心落在了教学流程的分析或教师教学行为的分析等内容上，便会在追求"教"的精致的同时，忽视了"学"的主动与精致。

第二，课堂活动指向当下的"学"，还是指向未来的"学"？指向当下的"学"，往往更多关注考纲与考试。此类型的课堂，看起来教学目标明确，重难点突出，但其目标和重难点均直接瞄准考试。与考试无关的内容，几乎全被舍弃。这样的教学过于功利。如果是起始年级的课堂，便存在严重的认知偏差。指向未来的"学"，则在关注考试内容的同时，也关注学生的身心成长，关注未来社会需要的各种能力。此类型的课堂，不但追求知识在场、能力在场，还追求学习者的生命在场。这样的课堂，才更具正面性研究价值。

第三，课堂活动指向被动的"学"，还是指向主动的"学"？该立意点很容易出现认知误区。因为，绝大多数教师面对该问题时，大脑中出现的答案，一定是充分肯定主动的"学"，全力批判被动的"学"。事实上，只有学生的主动的"学"，没有教师的传授与点拨，学生的学习思维便无法被充分激活。只有教师的讲授，没有学生的主动思考，亦不会有学习思维的充分激活。唯有将教师的"教"和学生的"学"结合起来，以"教"促"学"，以被动的接纳"激活"主动的探索，才是最理想的教学行为。

第四，课堂活动指向个体的"学"，还是指向群体的"学"？教学永远是一项面向全体的活动。在此活动中，师生之间、生生之间均需保持长效的对话关系。写作教学论文时，对课堂上学生的学习质态进行梳理，理清教师的"教"、学生个体的"学"、同伴互助的"学"三者间的逻辑关系，探究其操作过程中的得与失，是落实以学生的"学"为核心的课堂教学行为的必要理论支撑。

第18讲　教学论文的选点技巧

明确了教学论文的立意策略之后，教育写作者需要思考的，便是如何从芜杂的教学现实中精选出值得探究的相关内容，将预设的写作意义落到实处。

这便涉及教学论文的选点技巧。一般而言，一线教师的教学论文，其写作触发点应为教学中的具体细节。初学写作的人，应先从具体的教学情境中发现问题、思考问题并形成文字。养成一定的写作能力后，再从教育常识、生命成长和课程建构等角度观察课堂，寻找教学论文的写作点。当然，无论选取何种角度解析课堂、阐释思想，都必须紧扣具体的教学展开，力求小中见大，由具体的教学案例中提炼出抽象的教学理论。切勿空谈理论，更不能只谈意义与价值，不谈具体的方法。

一、从细节起步，渐进展开

我所撰写的第一篇严格意义上的教学论文，题目是"主体实践性阅读条件下文本资源的开发"。该文的写作，源于一个课堂活动。我在教学高中语文第五册李白杜甫单元时，为了能使学生最大限度地利用文本资源，便设置了一个"走进李白"的文本资源利用专题。在这个专题中，我先是要求学生就课本内容认知李白，然后要求查寻相关书籍丰富对李白的认识，最后组织学生用诗歌和李白对话。

在活动的成果展示阶段，学生们呈现了很多则精彩的诗歌。比如下面这首：

我轻轻来到你的身边／为了一个长长的誓言／你静静地守候在这里已有千万年／时光倒流／回放岁月／你似乎不顾沧海桑田／让荒蛮的蜀地／在你的怀抱里沉睡了千年／你似乎不肯轻易改变／五股涌动的热血／才染出了一条高险的石栈／你似乎不管世事多艰／羲和骄傲的火龙／在你的阻隔下黯然无颜／如今，你依然笑傲云端／流水徘徊在你脚边你却视而不见／或许我只有化为鸟儿／才可以触碰你的眉眼／仰望你冷俊的面庞／我一路攀缘／几经曲折，几许时间／最后站在你的双肩／我左手香醪，右手信念／伸手抚摸天幕的星月／写一点怀念

　　这些精彩展示，让我对语文教学中文本价值的挖掘产生了浓厚的兴趣，我便以这个活动为切入点，开始系统化思考文本资源的深度开发问题。首先，我想到了文本资源的深度开发势必会出现"跑题"行为，便从各类教学案例中精选一反一正两个典型片段，通过分析阐释，告诉读者如何把握其中的尺度。然后，我想到了文本资源深度开发中的临时性生成，又从诸多教学案例中精选了典型片段进行分析论证。接着，我进一步拓展思路，联系到语文教学中的知识传授、能力训练和情感润泽等问题，继续通过精选的案例片段印证其可行性。经过这样的由点及面的思考，一篇教学论文便有了骨骼和血肉。此文发给《中学语文》编辑部后，很快便发表出来，并且被中国人民大学书报资料中心主办的《中学语文教与学》全文转载。

　　由此篇教学论文的成文过程可知，当我们因日常教学活动中某一教学细节的触动而激发出写作灵感后，首先需要做的便是整理思路，以眼前的这个"点"为原点，朝向"是什么""怎么样""为什么"等不同路径作纵深思考。理清了写作思路，也就等于搭起了教学论文的写作框架。接下来需要做的才是寻找证据材料，并作相关的分析论证。对于一线教师而言，应尽可能多地选择典型的教学案例作论据，尽可能少地选择西方教学理论作论据。毕竟，教学写作需要扬长避短。而且，典型的教学案例也更容易引起同为一线教师的读者的情感共鸣。

二、用常识考量，发现问题

验证一种教学理念或教学行为正确与否的诸多方法中，最简便的办法是用常识来考量。常识是一切教育教学活动的存在根基。所有的教学内容均属于该学科知识体系中的常识性知识，大多数教学方法亦属于由古及今、世代沿袭的常识性技能。

写作教学论文时，以教学常识为观察点而探究教学中的若干问题，有利于拨开各种遮蔽，发现本真意义。

数年前，我在阅读某期刊的一组同课异构的稿件时，发现了一个奇怪的现象：三位名师教的是同一年级的同一篇课文，但目标定位、重难点设计和教学流程却极少相同之处。三位名师各自依照个性化理解，从文本中精选出一个极为精巧的教学抓手，以此带动起整节课的活动。

不以联系的眼光看待这三节课，则每节课都可圈可点。将三节课放在一起，便发现其违反了最基本的教学常识：既然是同一年级同一单元的同一篇课文，则该课文承载的教学任务便应该相同，怎么会教学目标和重难点都不一样呢？

这样思考时，我便发现了问题。这三位名师在教学该篇课文时显然都没有关注到课文的课程属性，未将这篇课文放到"教材"这个特殊载体中进行教学价值定位，而是把课文看成了独立于教材之外的一篇文学作品。于是，我以这三节课为样本，以日常教学中诸多"同课异构"活动为参照，撰写了题为"'同课异构'还是'同文异构'"的教学论文，发表在核心期刊《语文建设》上。在这篇论文中，我以常识性的课程知识为依托，详细分析了"课"与"文"的差异，解剖了这组"同课异构"课案中存在的各种问题，阐述了理性的"同课异构"活动应该遵循的基本原则、基本方法与基本流程。该篇论文后来被多位教学研究者转述，对廓清"同课异构"的迷雾发挥了较大的作用。

以常识为观察点思考教学问题时，很多看起来精彩的课堂设计与课堂活动便显露出了非理性的真实面目。比如，语文学科用影视片段观赏替代了立足于文字的细读涵泳，思想品德学科用各说各话的热闹辩论替代了严谨的哲学思维训练，英语学科用极少数学生的生动演出替代了全体学生的精思妙悟，数学学科用典型例题的小组合作探究替代了教师的高屋建瓴的讲授……这些教学手段往往会用外显的热闹遮蔽思维训练的苍白，精彩的背后其实是学习的低效。

三、以生命为最，呵护成长

一切教育教学行为的终极目标，都指向学生生命的润泽与丰盈。此种润泽与丰盈，既指向未来的成长需要，也指向当下的发展需要。教育写作者如果能够站在生命健康成长的高度审视各种教学行为，便能够见多数人所未见、思多数人所未思、写多数人所未写。

从生命视角选择教学论文的切入点时，可观察并思考下述教学问题：

其一，教师的备课内容是否体现了对全体学生的有效关注？备课的重点指向知识，还是指向学生的思维活动？

其二，相关知识信息的传授采用了何种教学方式，使用了何种教学手段？这样的方式与手段，是否符合学生的身心发展规律，是否兼顾了不同类型的学生的思维发展需要？

其三，课堂上学生处于何种学习状态？一节课中有多少内容涉及思维挑战？教师是否善于创设教学情境，把学生由浅层次的意义感知引入到深层次的思维碰撞？

其四，教师在传递知识、培养能力的同时，是否合理利用相关教学资源对学生进行正确的价值观教育？这样的教育是润物无声，还是生硬灌注？

其五，文科性质的学科，是否将教学重心放在思维训练上？是否致力于拓展学生的思维宽度和深度？是否注重引导学生打通课本与生活的关联？是否注意培养学生的公民意识和担当品质？

其六，教师是否善于激发学生的学习兴趣？是否注重培养学生对未知内容的好奇心？是否善于通过课堂的拓展训练，帮助学生养成举三反一、举一反三的认知能力？

上述六个方面的切入点，抓住其中的任意一点，都可支撑起一篇教学论文的写作。仅以备课为例，我就写过《备课是一种永远的"重构"》《备课是一种"激活"》等多篇教学论文。这些论文之所以能够发表，在于我所探究的教师备课，不仅关注如何备知识、备能力、备教法，而且研究如何备学生、备生命、备激情与理想。后面这几点，很多教师在备课时不去思考，也就无法在教学论文中予以阐释。

四、以课程为镜，审视流程

任何一门学科的新授课或复习课，都属于学科课程知识链中的一个环节。无论教师采用何种教学法组织教学活动，都必须确保本课时的教学内容不脱离课程目标、阶段学习目标和课时学习目标的约束。教学活动偏离了既定的目标，则无论教学流程多么完备，教学活动多么精彩，都有可能是在做无用功。

现实教学情境中，脱离课程目标的制约而随意确定教学内容的现象，在文科类的学科中司空见惯。其中，又以语文学科为最。以课程为观察点和写作切入点而写作语文学科的教学论文，可从大量的家常课、公开课、竞赛课中轻而易举地获取写作素材。

例如，一位教师在执教文学类文本鉴赏题复习课时，只引导学生掌握过分程式化的思路与技巧，不带领学生认真品读文本。此种教学，显然主次颠倒。我在听完这节课之后，便以课程为写作点，从教学流程中捕捉到四处典型病症进行剖析，写作了主标题为"文学鉴赏题复习中的'忌'与'宜'"，副标题为"以'作用分析类题型'公开课为例"的教学论文，发表于《中学语文》。

我这样写作此篇教学论文：

总论部分安排两个段落。第一个段落概述病症，点明危害；第二个段落简析病因。

主体部分从四个板块展开。第一板块针对该课堆砌名词概念的病症进行分析。先简单分析名词概念在教学中的作用，接着推测大多数教师在课堂上堆砌名词概念的缘由，再概述该节课中堆砌概念的教学情态，然后以学生在练习中出现的乱用概念的现状，揭示堆砌概念带来的现实问题，最后提出诊疗此种错误的具体方法。

第二板块针对文学鉴赏题中的断章取义病症而展开。具体的写作流程，与第一板块大体相同。

第三板块侧重剖析课堂上的静态展示。先呈现课堂的状态，再作学理分析，指出静态展示的缺陷，确立了动态生成的主张。

第四板块跳出文学鉴赏题的解题技能训练的内容，从读写结合的角度探讨阅读教学与写作教学的互通关系。同样是先指出学生在课堂练习中出现的错误并分析形成错误的根本原因，然后给出应有的教学方法。

总结部分安排一个段落，用最概括的语言点明本篇论文的现实价值。

这篇教学论文共五千余字，全文未引用任何教学理论和名家名言，只紧扣课堂上的教学内容而展开分析。文章发表后，也被中国人民大学书报资料中心主办的《中学语文教与学》全文转载。

这样的教学论文，每一位一线教师均有能力写出来。试想，文章中所写的，不就是平时评课时所说的？只要教育写作者懂得从课程的视角观察，能够发现日常教学中存在的各种问题，便等于拥有了丰富的写作切入点。

第19讲 教学论文的框架建构

立意、切入点和素材，构建起教学论文写作的物质供应站。有了这充足的物质储备，辅之以严谨的逻辑思维和适宜的写作框架，便足以完成一篇高水准的教学论文。

严谨的逻辑思维是合理论证的基础。所有的立意、切入点和素材，只有经过严谨的逻辑思维的深加工，才能形成有说服力的论据材料和论证过程，才能被读者接受。

适宜的写作框架则是守护逻辑思维之水的坚实堤岸，为逻辑思维预设了应有的流淌路径，约束了思维的旁逸，规范了思考的行走态势。

要确保教学论文的写作框架顺应逻辑思维的需要，不构成逻辑思维的阻滞，需遵循基本的框架建构规则。

一、教学论文的常规框架

教学期刊上发表的教学论文，最外显的框架结构包含四个部分：摘要，关键词，正文，参考文献。

摘要是对正文内容的高度提纯，一般不超过300字。侧重于回答研究的对象与范围、研究的手段与方法、研究得出的结果和重要的结论等问题。摘要应具备这样的功能：读者不阅读正文，仅凭摘要便能获得该论文中最重要的信息。

根据内容的不同，摘要可分为三种类型：资料性摘要、说明性摘要和综合性摘要。其中，资料性摘要为最常用形式。其特点是全面、简要地概括论文的目的、方法、主要数据和结论。说明性摘要一般只用二三句话概括论文的主题，而不涉及论据和结论。综合性摘要则是将上述两种摘要糅为一体，以资料性摘要的形式表述正文中信息价值最高的内容，以说明性摘要的形式表述其他内容。

关键词是信息化时代检索论文的最主要抓手，一般情况下，一篇教学论文的关键词为 3~5 个。提炼教学论文的关键词时，可从下述五个方面入手：

第一个关键词突出教学论文所属的学科类别，比如"中学语文"；第二个关键词突出教学论文所属大类别下的子类别，比如"文本解读"；第三个关键词突出研究对象，比如"赤壁赋"；第四个关键词突出研究方法，比如"儒道互释"；第五个关键词突出研究成果，比如"自我救赎"。有了这五个关键词，资料检索者可以快速地从浩如烟海的文献中搜索出此篇教学论文。

正文是全文的核心。正文内容的写作，依照阐释的相关学理的差异，可灵活采用多种论证结构形式。此块内容，最能体现"文有法而无定法"的写作主张。下文将详细剖析。

参考文献是为撰写或编辑教学论文而引用的有关图书资料。写作教学论文时，凡有引用，应在文章最后部分列出。

专著、论文集、学位论文、报告类参考文献的描述格式为：

［序号］主要责任者．文献题名［文献类型标识］．出版地：出版者，出版年：起止页码（可选）．

比如：

［1］刘祥．追寻语文的"三度"［M］．北京：教育科学出版社，2012：15—18．

期刊文章参考文献的描述格式为：

［序号］主要责任者．文献题名［文献类型标识］．刊名，年份（期）：起止页码．

比如：

［1］刘祥．折腾，让岁月常读常新［J］．江苏教育，2016（12）：70—73．

报纸文章参考文献的描述格式为：

［序号］主要责任者．文献题名［文献类型标识］．报纸名，出版日期．

比如：

［1］刘祥.创设空间，让名师走得更远［N］.教育时报，2009-9-30.

三种最常见的参考文献描述格式中，初学写作的人对文献类型标识最缺乏认知。具体代码如下：专著［M］，论文集［C］，报纸文章［N］，期刊文章［J］，学位论文［D］，报告［R］，标准［S］，专利［P］，论文集中的析出文献［A］。

二、并列式主体结构

并列式主体结构为教学论文写作中最常用的论证结构。此结构的优点在于思维的平行展开，有利于从多个视角探究某一核心论题。

写作此种类型的教学论文时，需先搭建论文的宏观框架，然后思考细节性问题。

2014年时，我在《教学月刊》和《新课程研究》上分别发表了《语文教学，需要"合纵连横"》《让语文成为跨时空的学习载体——再论语文教学中的"合纵连横"》两篇教学论文，前者7500余字，后者6200余字。这两篇教学论文，都是采用了并列式结构的框架。

这两篇论文是如何构思并写作的呢？

写作的动因来自一节历史课。授课教师讲授的内容是合纵连横。这个概念让我想起了语文教学。于是，我的大脑中蹦出了一个论文题目：语文教学，需要"合纵连横"。

有了这个立意后，需要思考的便是语文教学中的"纵"与"横"包含了哪些内容。首先想到的是，入选教材的文本材料，其诞生的时间，和学生接触文本的时间之间，总是存在着一段或长或短的距离。"合纵"就是要通过有效的教学活动，实现文本作者意义与学生学习价值的融合。

其次想到的是，任意一篇课文中包含的知识信息，必然包含了过去所学、现在所学和将来要学三大类别。"合纵"就是要正确界定教学内容中隐藏着的过去所学、现在所学和将来要学这三类知识。

想明白了两个"合纵"点之后，自然会想方设法寻找到两个"连横"点，这样文章才显得结构均衡。于是，转换思维，在同一时间点上寻找需打通的多个教学元素。又发现了由此及彼、举一反三、举三反一等形式的拓展迁移训练，和当下生活、文化、情感对文本阅读的影响两大内容。

至此，这篇教学论文的写作框架便搭建而成。四个小标题分别是"作者在场：让阅读成为对话""知识在场：让小溪汇成江河""能力在场：用拓展提升思维品质""情感在场：用生活丰富文本内涵"。这四个板块，各自独立，并列存在。从四个角度，共同探究语文学科教学的具体方法。并列式主体结构特征鲜明。

该文发表后，适逢《新课程研究》编辑约稿，我便围绕"合纵连横"这个命题，展开更深层次的思考。我发现，语文教学中的"合纵连横"，在更广阔的学科教学背景下，还存在着更为深刻的意义。这些意义，从"合纵"层面看，重点体现为当下的应试需要和未来的终身发展需要的有机融合；从"连横"层面看，则既可体现为对同一作者诸多作品的整合式专题阅读，又可体现为语文学科知识体系和语文课程目标体系的双向同步建构，还可以体现为阅读能力与写作能力的交互式培养。于是，以这样的思考为写作框架，写出了第二篇论文。该论文的四个小标题分别是"提炼课堂，满足多重学习需要""整合文本，让作者走向立体""双体同构，告别少慢差费""读写同步，追求文本价值最大化"。

这两篇论文，我都是先立意，再依照并列式结构的特征搭建写作框架，最后分点进行论述。因为在搭建框架时已思考明白需要论证的主要内容，具体阐释时就等于完成一道填空题，把该说的道理填写进去即可。

三、层进式主体结构

层进式主体结构适宜于由浅入深地探究相关教学理论，亦适宜于对某种教学技法作纵深分析。其结构特征为渐次深入，下一个层次以上一个层次的分析为依托，环环相扣。

写作此种类型的教学论文时，教育写作者最需具备的素质是追问。比如，面对一种教学理论或教学技法时，先需思考其"是什么"，再探究其"为什么"和"怎么样"。剖析"为什么"时，又要先归结最显性的原因，然后归结深层次的各种原因，最后归结根本原因。阐释"怎么样"时，也应针对"为什么"环节中归结出的不同原因，一一对应地探究解决问题的具体方法。

中国人民大学书报资料中心主办的《高中语文教与学》全文转载过我的教学论文《归来的〈氓〉，想说爱你依旧难——由〈氓〉的教学看课程意识的养成》。此文的写作灵感来自校内听课。我在听课过程中，发现三位执教者的教学设计均存在着脱离课程目标的病症，便由此病症想到了课文与课程的关系，进而想到课程体系外的内容的教学取舍，想到看似精彩的课堂活动与应有的教学价值间的逻辑关联，最后想到了课堂的活跃与思维的活跃的辩证关系。我在大脑中思考这些问题时，就是运用了层进式主体结构的技法构思了一篇教学论文的写作框架。

具体写作时，我搭建起这样的写作框架：

第一层级	任何课文，都只是课程体系中的一个构件
第二层级	体系外的价值，必须拓展有界
第三层级	最精妙的设计，并非最具教学价值
第四层级	课堂的活跃，不等于思维的活跃

这四个层级的内容中，第一层级的内容为教学常识，为一切教学活动的基本原则。只有接受了该层级的分析与阐释的内容，才能理解下面三个层级的学理分析。第二层级的内容，在承认第一层级观点的前提下，由课程体系内的教学目标拓展到课程体系外的教学内容的价值取舍。第三层级又在第二层级的体系外价值取舍的前提下，探究此种教学设计的课程学意义。第四层级则在第三层级"精妙设计"的解析中，用"思维训练"这一抓手，回望文本的课程价值。

此文只是运用层进式主体结构写作教学论文的一种形态，适宜于写作篇幅较长的论文。倘若对某一论题的阐述只需两三千字即可完成，则无需设计太多的思维层级。文章篇幅较短时，只需依照"是什么—为什么—怎么样"（或"是什么—怎么样—为什么"）的结构展开论证。

四、纵横交错式主体结构

写作《问题串,走向深度阅读的必由之路》这篇教学论文时,我设置了五个小标题:问题,来自学生的预习感知;问题,来自教师的精心预设;问题,来自学生的学习需要;问题,来自课堂的临时生成;问题,催生课堂的温度和深度。无需关注每个小标题下的具体内容,仅从小标题的文字中便可发现,这五个板块属于纵横交错式主体结构。其中,第一、二板块的内容为并列式,第三板块的内容是对前两个板块内容的归纳,意义递进了一个层级。第四板块的内容转换了视角,又与前三个板块的内容构成并列关系。第五板块进行总括,在前面四个板块所构成的两个层级意义的基础上,又将论述推进到第三个层级。

如果用图表来标识,该文的结构可表述为:

此种框架结构,有利于阐释相对复杂的教学问题。该结构的优点为:既可运用并列式,从同一层面的不同角度阐释;又可运用层进式,从不同层面深入挖掘多层价值。缺点为头绪繁多,如果未能理顺各层级间的逻辑关联,容易造成论证过程的混乱。教育写作者在搭建此种写作框架时,必须仔细推敲各层级内容的逻辑关系。框架间的逻辑关联梳理顺畅,写出来的论文才不会出现意义纠缠、逻辑混乱的病症。

第20讲　教学论文如何阐释事理

写作如建房。搭建起合理的框架结构，等于完成了房屋的整体浇筑。接下来的任务，便是用砖头和水泥砌起一道道墙，让框架成为房屋。

教学论文写作中的"砖头"，是具体的教学案例和精当的教学理论。"水泥"则是阐释事理时的个性化语言。没有"砖头"或"水泥"，便无法完成"砌墙"任务。"砖头"或"水泥"的质量达不到标准，砌出来的"墙"也就过不了编辑和读者的验收关。

故而，设计出适宜的写作框架后，事理阐释时的论据选用与论证分析便成为决定论文质量高下的重要内容。经验欠缺的教育写作者往往习惯于堆砌论据材料，疏于解析论据材料中隐含着的各种意义。这样的教学论文，相当于买来了砖头和水泥，堆在房屋的整体框架中，并未将其砌成一道道墙。

教学论文的真正价值，必然在于"论"。论，就是运用论据材料证明相关论点的过程。要让教学论文阐释的学理被编辑和读者接纳，则其"论"不但需要有据、有理、有精当的剖析，而且需要论据典型、分析透彻、逻辑周延、可读性强。要将这几点落到实处，需处理好下述四方面的问题。

一、论据：事实为主，理论为辅

在既定的写作框架内，每一个论题下，都需要精心构设一个至少能够"自圆其说"的论证文本。

此种论证文本，从结构上看，包含论题（或分论点、小标题）、导引材料、论据材料、论证过程、结论五块内容。从内容上看，则既要保证自身的观点明确、论据有力、论证严谨、结论符合学理,又要与该教学论文写作框架下的其他论题互为关联、互不包含。论证的难点不在于结构,在于内容的合情合理。要将一种学理阐述清楚,先得为观点寻找到有力的论据材料。

最有价值的论据材料,是鲜活的教学案例。写作教学论文时,一定要善于选用特征鲜明的案例充当论据。然而,教学论文又毕竟以阐释作者的理性思考为主。过多引用他人的教学实录,势必会造成论证过程中的喧宾夺主。这时,便需要变通方法,或是用概述代替直接引用,或是只节选最有价值的片段。

下面这则论证文本,就体现了上述主张:

①当我们把诗歌看作精神与情感的后花园时,多数人忘记了一个至关重要的问题:这个后花园的主人是谁?倘若主人是诗人,那么,他的后花园无论多美好,也只是他的私有财产,又与读者何干?如果主人是读者,则读者只是看客,并未耕耘,又怎么会拥有主人的身份?只有将这后花园,同时纳入诗人和读者的名下,作为双方的共同财产,才能让它的美好,润泽更多的人。

②对于中学生而言,要做好这后花园的合伙人,并非轻而易举之事。至于让灵魂诗意地栖居于其中,更需要经历太多的磨砺。诗意地栖居,本质不在于栖居,而在于诗意。置身百花园中,却感受不到花香的人,居则居矣,诗意却荡然无存。

③诗意从何处来?简简单单两个字:修炼。诵读、感悟、对话,都是修炼的良方。其中,用诗歌的方式,和古代诗歌对话,是古代诗歌教学中值得倡导的一种策略。

④下面几段文字,是我在教学生学习李白《蜀道难》第一层内容时引导学生所作的以诗解诗的对话训练:

⑤我不知道/疲乏的鸟儿,可曾/目睹过蚕丛开国的壮观/我不知道/劳累的东风/攀爬过太白山后/那一声长长的叹息/诉说的是怎样的艰难/我只知道/在五丁雄壮的呐喊声中/那四万八千年的隔绝/轰然崩塌/英雄美女,连同一段历史/一起葬在了/冲波逆折的回川/那插在历史的缝隙间

的木樨／把走出大山的渴望／搭成栈桥／承载了诗人的梦／走过／无须以手抚膺／也无须哀怨徘徊／只要心有翅膀／扣参历井又何难

⑥我竟站在它的面前／如此的高耸／是否／已高出云端／是否／有星宿拱环／历史王君的统治／被它毅然隔开／鸟儿气吁飞过／人望而却步，惊叹／壮丁开山／天梯勾连／危峰急流／险在山间／可是／在山顶／我能与繁星做伴／又谓／不到顶峰非好汉

⑦……

⑧如果从诗人的标准衡量，学生们的诗歌可能都有很多的不足。但对于中学生，能够通过对古代诗歌的诵读、品鉴与感悟，短时间内生成如此独到的认知并创作出这样的篇章，绝不是一件简单的事情。这些诗歌的产生，必然建立在对诗歌内容、情感以及诗人的深刻理解的基础上，是一种心灵与心灵的对话后产生的情感体验。有了这样的体验，学生们才有资格做后花园的合伙人，才能让自己的灵魂，诗意地行走在每一朵花的身旁。

⑨能够创作出这样的诗歌的学生，还会觉得古代诗歌的学习枯燥无味吗？

——节选自《主体实践性阅读条件下的文体资源开发》，《中学语文》，2004年第11期

从结构上看，第①②段为导引材料，第③段为论点，第④—⑦段为论据，第⑧段为论证分析，第⑨段为该部分的结论。论证结构完整。

从论据选用和论证过程看，先引入论题、亮明观点、陈述主张，再用学生的学习案例为论据材料，通过学理分析印证观点和主张的正确性，最后形成结论。其中，来自学生的诗歌，最能够反映教学活动的实际效果。将其直观呈现出来，胜过一切自卖自夸式的意义阐释。

倘若确有适宜的教学理论，亦可引入论证过程中，增强文章的说服力。但理论论据不宜多，更不宜艰深晦涩。写文章是为了让读者明白某种学理。若是引用了读者读不明白的理论，岂不是违背了写作初衷？

二、论证：归因为主，推演为辅

最有价值的论证，来自对客观存在的事实或道理的归纳提炼。写作教学论文时，教育写作者应尽量从真实的教学情境出发，探究具体教学行为中蕴含的教学原理，剖析具体教学过程中存在的教学价值。少作甚至不作指向未来的推演。因为，推演教学行为的发展趋势时，容易形成认知的偏差，以情感的好恶替代理性的分析。

下面这个论证文本，便精当运用了归因论证法，突出了对论据意义的深度挖掘：

①高中教科书中，《氓》是一首原生态的婚姻生活哀歌。它所呈现的生活画卷，即使在今天，也每天都在发生。这样的一首诗歌，在《诗经》作为必读教材的漫长封建时代，就被强加了多种意义，用以遮蔽它的原初价值。《毛诗序》为它强加的意义是："《氓》，刺时也。宣公之时，礼义消亡，淫风大行。男女无别，遂相奔诱。华落色衰，复相弃背。或乃困而自悔，丧其妃耦。故序其事以风焉。美反正，刺淫泆也。"朱熹《诗集传》也为它罗织了"此淫妇为人所弃，而自叙其事以道其悔恨之意也"的主题意义。此两种遮蔽，在当下，已无任何市场。

②推翻了前人强加的意义遮蔽之后，总有好事者，觉得无意义不能成其为诗歌，又为《氓》强加了新的意义。有人认为，《氓》表现了封建时代妇女地位的低下，批判了男尊女卑的社会现实；又有人认为，《氓》"揭示了古代妇女的不幸，痛斥当时的社会习俗，并对诗中的女主人公的痛苦给予深切的同情，对她的无奈抗争又给予热情的赞扬"。这两种解读，都带有十分鲜明的阶级论的印痕。

③进入新世纪后，为数不少的教师，不再引导学生挖掘上述各种意义了，转而以《氓》为典型案例，探究爱情如何保鲜这一"永恒意义"。这样的教学，不过是用一种意义遮蔽，取代另一种意义遮蔽，总是无法摆脱"意义"二字。

④如果舍弃了对意义的追求，只将《氓》作为一首诗歌来细读品味，会

发现些什么、领悟些什么？这时，便能够发现，女主人公对氓，其实情感十分复杂。一方面，她要同现实生活中这个"家暴男"彻底了断，另一方面，她又深切地牢记着当初恋爱时的各种美好。女主人公就如现实生活中的女性一样，一边赌咒发誓闹离婚，一边又沉溺到当初的恩爱幻象中。这样一个女子，虽已两千多岁，却不过就是我们的邻家大嫂。

⑤类似于《氓》的诗歌，还有很多。其创作初衷，或许仅只是为了呈现一个生活的事例。就如莫泊桑的创作，原本只是为了"实证"，当我们硬要将"暴露了资本主义社会人与人之间赤裸裸的金钱关系""批判了小资产阶级的爱慕虚荣的丑陋本性"的标签贴到《我的叔叔于勒》《项链》之上时，只能显示贴标签者自身的偏狭。

⑥古代诗歌教学中，意义是一个"熊孩子"。有它在场，很多精妙都会被破坏。舍弃掉各种意义的捕捉，哪怕这些诗歌，果真有无限丰厚的意义，也不必在课堂活动中过分关注。能这样做，教学活动的重心，才能移到对诗歌本身的品味咀嚼中。

⑦诗人是独特的"这一个"，学生也是独特的"这一个"，教师亦应当使自己成为教学中的"这一个"。三个"这一个"有缘相逢于古代诗歌教学活动这一特定情境，一如三位好友难得相聚。话话家常，聊聊情感，彼此打量，已是人生美事。何必非要给这样的聚会，贴上某个特定意义的标签？

——节选自《去蔽，用自己的灵魂体察》，《教育研究与评论》，2016年第12期

　　该文本的前三个段落，以列举论据材料为主，辅之以精要的点评，归结出三种错误认知的根由。后四个段落对前三段中论据材料作深入剖析。其中，第④段在对前三段的错误认知进行批判的基础上，建立起自身的正确认知；第⑤段拓展思维空间，引入新的论据材料，在类比中进一步强化论点；第⑥段由前五个段落的事实论据的分析，转入道理论证；第⑦段对前六段进行归纳，收拢该部分的论证，强化论点。后四个段落的文字，注重变换视角观察分析，将列举的反面论据中的各种荒诞悉数挖掘出来，同时将自身的价值主张一一告知读者，较好地落实了教学论文严谨论证的写作要求。

三、结构：层进为主，并列为辅

一则合理的论证文本，应具备这样的结构特征：

先用最精要的语言，亮明自己的观点；然后用相关文字对该观点进行简要分析，侧重阐述为什么会形成此种观点；接着列举事实论据或道理论据；再对事实论据或道理论据中隐藏的相关信息进行深度挖掘，用来印证自身观点的正确性；最后形成结论。

此结构中，最重要的两个环节，一是论据材料的列举，二是对论据进行的分析。列举论据时，可采用并列式。如上文有关《氓》的意义的不同解读。对论据进行分析时，则应尽量采用层进式，少用并列式。

依旧以上文《氓》的论证文本为例。前三段列举从古到今的多种错误认知，为陈述事实，属于表层意义。第④段的内容，建立在前三段的基础上，确立了正确主张，意义开始走向第二层。第⑤段引入莫泊桑，将文本误读由古典文学引向外国文学，赋予该类型错误以新的呈现形式，意义走向第三层。第⑥段跳出具体的文本，立足于"古代诗歌"这一宏观视域作理论归纳，意义走向第四层。第⑦段在文本之外，又引入诗人、学生、教师等"这一个"，将其与文本认知结合起来，视域又有新的扩展，意义走向第五层。有此五层意义的挖掘，则原本只是《氓》这一首诗歌教学中存在的问题，便被一步步拓展成为文学作品教学中必须注意的共性化内容。这样论证时，便属于透过现象看本质。

下面这则论证文本，同样体现出逐层推进的结构特征：

①课堂活动中，为了帮助学生更好地理解文本，授课教师进行了大量的内容拓展。这些拓展材料，极少用课件形式展示。授课教师总是在不经意间，随口便吟诵出一些极富生命哲理的话语。这样的文化积淀，如果没有平常生活中广泛且持久地阅读，仅凭备课时的临时突击，显然无法做到。我深信，也正是因为有了这长期阅读积聚而成的丰厚学养，该教师对课文的理解，才会有超出常人的深度。从个体阅读的角度而言，我对该教师由衷赞叹，并视为榜样。

②当此类拓展遭遇到具体的课堂和具体的学生时，身为教师的我们，便该变换角度思考其价值了。如果学生的理解能力能够接近授课教师的水准，那么，借助教师的大量拓展和巧妙点拨，学生们对课文的领悟，必然能够超越文本的文学意义，在美学、哲学的高度，形成更深层次的价值认知，自然也就能够最大限度地拓展自身的"最近发展区"。如果学生的理解力达不到教师预期的水准，甚至无法合理认知文本中隐藏着的作者意义，则大剂量的拓展，便无法落实文本解读中的类文互释作用，反而会加大学生的认知难度。

③现实总是残酷的。当下的高中学生，受制于严峻的应试环境，其整体阅读面极为狭窄。教师在课堂上拓展的这些名家名言，大多数的学生，应该并不知晓。当学生们并不理解海子、杨绛、毕淑敏这些话语的真实意义，甚至不知晓博尔赫斯、高更、莫迪亚诺是何方神圣时，教师在课堂活动中一带而过的这些话语，便无法唤起学生们心中的情感共鸣。如果学生都是有心人，试图将老师的这些拓展都消化吸收，则当他们的思维还停留在某一处拓展的深度思考中时，教师已经把课堂推进到了后面的教学环节了。

④语文教学当然离不开适度的拓展，语文教学的拓展，总体而言，还是应该遵循"以浅释深"的类文互释原则。当学生对文本中的某一问题无法形成合理的解读，或者思维无法走向深入时，教师借助一些学生熟悉的材料，帮助学生换一条路径思考问题，唤醒记忆中沉睡的某些信息，才是真正指向学生思维的有效教学活动。这位教师的课堂拓展，显然不具备这样的属性。

——节选自《课程，绕不开的语文之结》，《中学语文教学参考》，2015年第4期

该论证文本的四段文字中，第①段陈述事实，并从教师个体学养展示的角度略作分析，为第一层意义。第②段转换视角，从学生的角度作深入分析。先阐释学生理解力接近教师预期水准时能够出现的教学质态，再分析学生理解力达不到预期水准时必将出现的教学病症，为第二层意义。第③段在上段文字理论剖析的基础上，通过对客观事实的陈述与分析，解析教师教学行为的非合理性，为第三层意义。第④段确立应有的正确方法，将思考引向问题的本质，为第四层意义。四个段落，四层意义，先谈教师学养，再探讨

教师学养与具体学情的关联，然后探讨现实中的学情与教师的教学法间的联系，最后陈述应有的理想的教学方法。后一层意义完全建立在前一层意义分析的基础上。

四、表达：剖析为主，陈述为辅

从表达方式上看，教学论文应以议论为主要言说形式。

即使是理科背景的教学论文，也应在呈现相关案例或实验成果的基础上，通过多视角多层次的分析，归纳提炼出共性化的教学理念与教学主张。文科背景的教学论文，更应将内在的学理分析作为最重要的表达形式。

下面两段文字，节选自一篇数学教学论文。在探究数学教学中多媒体教学技术的运用策略时，以一则案例把电视风光片纳入数学课堂教学为切入点，作了深刻的剖析：

数学教学向来注重的是数学思维意识的培养，重视在数学教学中通过感性的、可操作的例题分析，归结出理性的、具有引领高度的学科专业知识体系。在这样的目标引领下，数学课需要致力于严谨缜密的逻辑推演能力的养成，需要帮助学生建立起心目中神圣的数学文化。这种数学文化，其价值当然不是记述上面案例的老师所倡导的"净化了心灵和思想"，也不仅表现为"发现数学艺术价值和审美价值"。它的真正价值，应该是以学生为本，充分关注学生的情感体验，凸现数学学科的人文价值，塑造生命数学，让学生在充满人文气息的空间中积极主动地获取数学知识，产生良好的情感体验并不断积累，最终形成科学的世界观和价值观。

以打造数学文化为目标，我们再来审视上面的案例，就能够发现，电视风光片的引入，其教学价值，仅仅表现为观赏轴对称的图像。而这观赏的内容，绝大多数学生都有着亲身体验的经历。无论是农村还是城市，没见过水中倒影的孩子，又能有几个？如果从数学教学的角度来说，这一环节，只需一张普通的水中倒影图片，即可实现教学目标。舍简而取繁，舍易而取难，我认为，教师追求的，不是知识的传授，也不是人文情感的熏陶，而是为了课堂的"好看",是作秀给听课教师看。

——节选自《理科教学,人文旗帜插向何方》,《河南教育》,2011年第2期

两段文字,先将本属偶然现象的教学行为置身于数学文化的背景下,立足于数学学科的核心教学目标而展开,确立起应有的教学理性;后回到具体案例的分析中,通过细节剖析和正面举例揭示真相。这样的说理站得高,看得远,论证严谨,有利于纠正教学中出现的偏差。

教学期刊上,有时会发表一些教学实录片段+结论的文字。这样的文章算不得教学论文,也算不得案例分析,只能归之以教学叙事。只呈现过程,不对过程进行学理分析,"论"便无处立足。没有了深入的剖析,还谈什么"论文"。

第21讲 教学论文如何提升可读性

应邀为某期刊撰写卷首语时，我用一千余字谈了"敬畏文字"这一论题。我始终认为，绝大多数的教育写作者在经历了一定量的写作训练后，不难掌握教学论文写作中的那点儿技巧。他们的文章之所以未能得到编辑的认同，很大程度上是因为缺乏了对文字的敬畏之心。

"敬畏文字"不是说必须视文字为神灵。我所说的"敬畏文字"，从最肤浅的意义上看，是不写错字病句。稍高一个层级看，是语句流畅，段落间过渡照应自然。再高一个层级看，是材料真实，情感真诚，逻辑合理，学理阐释经得住读者的推敲。更高一个层级看，是站在最挑剔的立场上，对键盘上敲打出的每一个文字反复斟酌，对每一个符号苦思冥想，对每一则素材精挑细选。教育写作者只有怀揣了这样的敬畏之心，才能在自己的能力范围内保证写出来的每一篇文章都属于自身的最高水平。

一、新：立身于潮流的制高点

每一位教育写作者，首先必须是教育阅读者。

教育阅读的价值，在于不断更新大脑中的知识储备，让自身的教育认知始终和最先进的教育教学理论保持同步。此种同步，不是为了猎奇，而是为了用新理论指引教育教学实践，少走甚至不走已被他人研究证实的、没有实际价值的教育教学弯路。

倘若有一种最新的教学理论，经受了教育写作者自身的实践验证，证明确有价值，将其写成教学论文，便会对更多的人构成积极的影响。而这样的文章，也容易被编辑相中。

我在核心期刊《语文建设》上发表的第一篇教学论文，题为"陌生化，一个永恒的学习动力"。在阅读中第一次接触到"陌生化"理论后，我立刻联想到了语文教学中的"少慢差费"现象。学生对语文课缺乏兴趣，很大程度上是因为语文课堂上缺乏新鲜感和思维挑战，教师教的内容，学生完全可以依靠自学而获得。如果能够将看似熟悉的内容"陌生化"，不就能够激发出语文学习的热情了吗？这样思考时，我便搭建起下述写作框架：

（1）精巧置疑，在熟悉中寻找陌生；
（2）多元阐释，在另一扇窗口看新景；
（3）文本互释，比较之中觅陌生。

这三个小标题，均紧扣"陌生化"理论而展开。每一个小标题下，都结合具体的教学案例，探究在熟悉中建构陌生的具体方法。如此，文章既有新颖的理论作引领，又有具体的教学实践作支撑，立刻得到了责任编辑的认可。

在"对话"理论刚刚流行时，我也写过题为"'人—本对话'，一个期待公允的阐释"的教学论文。该文亦是将最新潮的"对话"和语文教学实践结合起来，探究课堂活动中如何创设真实的对话语境将文本认知导向思维理性的问题。我在文章中既阐释了"对话"的三个条件，又探究了语文对话教学的三个尺度，还针对当时最具影响力的教学案例，用"对话"理论进行了剖析。这篇文章，也是寄出后迅速发表。

教学论文写作中的这份"求新"意识，亦可视作"陌生化"理论在教学写作中的具体体现。作品中呈现出的理论是读者所陌生的，读者自然也就有了阅读探究的欲望。能够满足读者阅读需要的文章，编辑才乐意于发表。

在教学论文的写作中，"求新"应以理解并进行了一定量的实践为前提。如果写作者对该理论尚未作认真研究，更未将其在自身教学实践中进行验证，则不宜急于阐释之。已之昏昏，自是无法使人昭昭。

此外，还要注意意义阐释中的通俗易懂。无论多高深的教学理论，均应拥有深入浅出的表达形式。写作教学论文时，应尽量避免直接引用大段的艰深晦涩的欧式话语。教学论文，需要"与读者为善"。

二、巧：从熟悉处发现陌生

新，是一种陌生。此种陌生，无需经营。在熟悉中发现陌生，便需要智慧，需要"巧为"。

日常教学实践中，从来不缺少教学论文的写作素材，缺少的只是写作者的慧眼灵心。

第一层意义的"巧"，指向教学论文的选材。如果能够在司空见惯的现象中捕捉到有深度的教学问题，文章自有了别具一格的价值。对此，前文已多有案例，不再赘述。

第二层意义的"巧"，指向意义的呈现角度。教学论文的写作虽不像小说那样讲究出神入化的构思，但也需在写作视角上精雕细琢。教学论文的写作视角，同样存在着熟悉与陌生的区别。打破常规的思维形式，给读者带来阅读新鲜感，这样的文章亦容易得到编辑的青睐。

比如，以同一种教学行为为参照物而写作教学论文时，有人习惯于作宏观性综述，有人习惯于精选典型片段作外科手术式解剖，而我则习惯于从教师视角、学生视角、课程视角进行比对式分析。日常教学中，课程视角为多数人所漠视，却又无处不在。抓住它，便能够在熟悉中营造出陌生。

第三层意义的"巧"，指向教学论文的外在结构。当教育写作者面对的是一则意义庞杂、头绪繁多的教学素材时，如何对这众多的内容进行适宜的分类，便成为区分教学论文质量高下的一个重要标尺。

比如，为王君老师的教学专著作推荐序时，面对洋洋30万言的作品，我抓住其"青春语文"的教学主张，以"青春语文的七彩图谱"为标题，从赤、橙、黄、绿、青、蓝、紫七种颜色入手，分门别类地提炼出"赤：用激情点燃课堂""橙：用快乐滋润课堂""黄：用高贵濡染性灵""绿：用青春定义语文""青：用厚重扩容思想""蓝：用理性剪裁文本""紫：用典雅奠基生命"七个板块的写作内容。我认为，此种概括有利于集中有限的文字突破一个核心论题，且给读者带去既直观形象又有丰厚内涵的阅读感受。

为熊芳芳老师的教学专著作评述时，我则立足其"生命语文"的教学主张，始终紧扣"生命"二字，提炼出"生命的位格与文本的张力""文学的救赎与生命的体验""美学的维度与灵魂的放飞""语文的本真与成长的诉求"四个层级的内容。这四个板块，以生命为核心视角，统辖文本、文学、美学、教学四个分级视角。只看文章的四个标题，也能发现一些相对陌生的信息。

第四层意义的"巧"，指向"人"的回归。文科背景的教学论文中，"人"是无法绕开的一个意义单元。多数教师在教学论文中探究人情人性时，受习惯性思维的制约，先给形象贴标签，然后依照标签的标定意义阐释相关内容。这样的教学论文，极易概念化、脸谱化，缺乏鲜活的写作个性，也缺乏可读性。

如果将每一个个体，都还原为生活中的活生生的"这一个"，用普通人的七情六欲来推知其个性行为，则写出来的教学论文便有了独到的价值。我曾运用此法写作了数十篇文本解读的教学论文。这些论文后来汇编成教学专著《中学语文经典文本解读——第三只眼看课文》。阅读过这些文章的绝大多数读者，对其精巧的构思十分认可。

三、奇：突破惯性思维的制约

倘若一篇教学论文，能让编辑和读者拍手称奇，则此文一定是佳作。

教学论文的"奇"，从写作的角度而言，主要体现为对惯性思维的突破。当绝大多数人依照长期养成的思维习惯理所当然地接纳某些教学理念时，有人挺身而出，用严谨的逻辑分析告诉人们：你们的理解是错误的！正确的认知应该这样……这样的论文，自是奇兵突起、意义非凡。从教学的角度而言，则更多体现为意料之外、情理之中的设计与活动。

如何才能让自己的教学论文出"奇"制胜呢？

最根本的思考点是常识。2013年年初，我给《中学语文教学参考》编辑部寄去一篇教学论文《追寻目中有"人"的文本研读》。专栏编辑读完该稿后，给我回复了一封长长的邮件，盛赞该文为其近几年编辑到的最佳论文。我的这篇教学论文，正是抓住了当下阅读教学中"人"的缺位现象，由常识出发，从四个角度探究四种类型的"人"在文本研读中的各自地位。这四种类型的人分别是：作品中的人，作者，学生，教师。

语文教学中需要关注这四类人，本属最基本的教学常识。但在长期的、功利化的教学环境下，人们往往只从应试需要出发，将作品中的人物转换成人物形象分析的答题技巧，将作者转换为文学常识，将学生和教师转换为分数与排名。当我从常识出发，吆喝着追求目中有"人"的文本研读时，对常识的遵守反而成了一种稀有的声音。物以稀为贵，论文的价值由此而显现。

最基础的思考点是课堂。教学法探究的论文中，应尽量围绕"奇"展开分析。奇特的课堂结构形式、奇巧的教学情境创设、奇妙的师生互动形态、奇幻的思维拓展训练……抓住任意一种奇思妙想，都足以写出一篇高水准的教学论文。

教学《师说》时，为了引导学生真正读懂韩愈的写作目的，我利用"问题串"设置了九个问题——

问题1：韩愈为什么要写作本篇文章？

问题2："今之众人"为什么会"耻学于师"？

问题3：面对"耻学于师"的现实，为什么"独韩愈奋不顾流俗，犯笑侮，收召后学"？

问题4：假如韩愈随波逐流，他会获得什么，又会损失什么？

问题5：其他人为何都乐意于随波逐流？

问题6：韩愈"奋不顾流俗，犯笑侮，收召后学"能够获得什么？

问题7：韩愈的精神支柱是什么？

问题8：古今中外的知识分子中，类似于韩愈这样的人还有哪些？他们的共性品质是什么？

问题9：今天，我们为什么要学习《师说》？

当我请学生们从知识分子的责任和使命的视角思考韩愈的言行举止时，这节课的构思便拥有了他人不曾抵达的思想高度。该教学片段被我写入教学论文《教出文言课文的宽度、深度与温度》中，发表于《中学语文教学参考》。

四、美：锤炼精致的语言

语言是思维的"衣服"。此"衣服"的审美趣味，取决于思维的审美表达，又反作用于思维。

教学论文的语言并无特定的言说形态，平实、简明、连贯、得体为其基本要求。在此基础上，可适当使用排比、反复、反问、设问等修辞，增强语言的表现力。文学作品中常用的比喻、比拟、夸张等手法，在教学论文中极少拥有闪展腾挪的空间。

下面这段文字，节选自教学论文《万千慨叹一线牵——刘祥老师〈兰亭集序〉课例赏析》（第一稿），为全文的综述：

《兰亭集序》课例是刘祥老师"三度"语文教学理念在教学实践中的又一次运用和融合。《兰亭集序》对后世产生了很大的影响，作者一反一般序言记内容，分析原因的常规模式，重在以情述理，于乐痛喜悲的万千慨叹中表达了对生命的理性思考。刘祥老师通过丈量宽度、营造温度、拓展深度等几个环节，牵出了文章的思维线索，帮助学生理清头绪，在一条至简大道上领悟文章的精神要旨。

该作者将文章发给我阅读时，我只读了这一段，便发现其达不到发表的水准。理由很简单：全段仅有三个大句子，却第一句谈课例，第二句谈作品的影响、写作手法、情感、主题，第三句谈课例中的教学法。此种表述，头绪太多，内容杂乱，有违简明、连贯的写作要求。

下面这两段文字，为该文第二稿的综述。作者对原来的内容进行了修改：

《兰亭集序》对后世产生了很大的影响。作为书法作品，历来为人推崇，有"天下第一行书"之称。作为文章，文辞优美，见识高远。作者一反一般序言记内容，析原因的常规模式，重在以情述理，于乐痛喜悲的万千慨叹中表达了对生命的理性思考。作为入选教材的文本，《兰亭集序》却一直是教学难点之所在。究其原因，有以下几个方面：一是教学目标难以界定。哪些文言知识是本课必须落实的重点，学生通过文本应该得到怎样的对古代传统文化的认知及思考，教师往往心中无"度"。二是教学手段难以得法。教师该铺设怎样的桥梁，让学生层层深入，首先读懂和理解文本本身，理解作者万千慨叹下对生命的一番深情，教师往往手中无"技"。三是教学理念难以明晰。教师究竟应该拓展些什么，什么样的拓展是有效的，是直指学生思维的开拓与建构的，教师常常脑中无"理"。以上种种，使得《兰亭集序》的教学，要么"蜻蜓点水"，变成了词句的翻译和背诵；要么"月迷津渡"，一番旁征博引，学生依然不知作者所云。

刘祥老师运用"三度"语文教学理念，巧妙地化解了以上教学难点。丈量宽度——明确教学目标，营造温度——牵出文章情感线索，拓展深度——激发学生深度思维，在一条至简大道上帮助学生由"言"入"文"，领悟《兰亭集序》的精神要旨。

将原来一个段落的内容扩展为两个段落后，第一段的写作重心便落到了《兰亭集序》上，第二段再谈课例中的教学法。相对于第一稿而言，第二稿的语言逻辑性明显增强。

但是，新的问题又出现了。作者写此篇教学论文，目的在于探究《兰亭集序》课例中的得与失。此内容与《兰亭集序》书法史上的位置毫无关系，甚至与《兰亭集序》的章法结构、情感意义亦无密切关联。修改稿第一段开头部分的内容，扣题不紧，表述不得体。

作者依照我的意见，又作了修改。第三稿的综述内容如下：

《兰亭集序》难教，原因有三：一是学生通过文本应该获取怎样的文化认知及思考，教师往往心中无"度"；二是该铺设怎样的桥梁，让学生读懂和理解文本，理解作者万千慨叹下对生命的一番深情，教师往往手中无"技"；三是什么样的拓展可以直指学生思维的开拓与建构，教师常常脑中无"理"。三方面的缺失，使得《兰亭集序》的教学，要么"蜻蜓点水"，变成了词句的翻译和背诵；要么"月迷津渡"，一番旁征博引，学生依然不知作者所云。

研读刘祥老师的《兰亭集序》课堂实录，发现刘老师运用他的"三度"语文教学理念，巧妙地化解了以上教学难点。丈量宽度，明确教学目标；营造温度，牵出文章情感线索；拓展深度，激发学生深度思维。此"三度"帮助学生由"言"入"文"，凸显了文言教学的全部精妙。

这一稿的内容，显然针对性更强，更具条理性。仅从语言表达上看，起句突出"难教"二字，可以迅速拉近教师读者与该文的情感关联。随后的三点原因归纳，较之以第二稿也更精炼，更准确，排比更规范。"究其原因，有以下几个方面"和"原因有三"虽意义相近，但后者更精准，文字简约而典雅。"以上种种"与"三方面的缺失"相比，后者指向更为明确。

第二段结尾处，将"领悟《兰亭集序》的精神要旨"更改为"凸显了文言教学的全部精妙"，看似只更改了表述的内容，实则更正的是一种极为重要的价值认知。前者将语文教学的落脚点放在对文本意义的领悟上，后者将课堂观察点定位在"文言教学"的教学法研究上。后者显然才是该篇论文的写作目的。

由此案例可见，精致的表达并非生而有之，而是需经历一次次的磨炼。常言道，好文章是修改出来的。没有反复地推敲咀嚼，又怎么能让文字被编辑和读者接受？

第22讲 教学论文的常见病症解析

阅读了有关教学论文写作的诸多文字之后，您是否有了一试身手的写作欲望？

少安勿躁。您还需要知晓前行的道路上有哪些雷区。只有确保不踏入这些雷区，才能让写出来的教学论文安全抵达相关期刊，成为直面全国读者的文章。

正如托尔斯泰所说的那样，不幸的家庭各有各的不幸，"不幸"的教学论文，也各有各的"不幸"。教学论文的"不幸"，自是因为写了不该写的。当然，很少有人明知不该写还偏偏去写。写了不该写的，绝大多数时候，是因为不知道哪些东西不该写。

哪些东西不该写呢？从最常见的病症看，下面四点最具普遍意义。

一、立论无新意，无关诗与思

除非是迫于评职称的压力，不得不"挤"出两篇文章，交点版面费"发表"出来，混一个参评资格，出于教学研究的需要而主动创作的教学论文，最终必然指向教学的诗与思。

诗，追求的是教学的技巧。教学论文中探究的教学技巧，绝不能以侵损学生的身心健康为代价。倘若一篇教学论文致力于探究的，是如何舍弃完整文本的整体性阅读感知而只利用局部信息"抓分"的技巧，则这样的教学论文，便只能算是学生生命成长过程中的一剂毒药，绝不是润泽灵魂的诗篇。

思，追求的是良好思维品质的养成。任何一种教学活动，均应以开启学生的思维为着力点。唯有让学生的思维在场，教学活动才具有教学价值。如果一篇教学论文只谈教师的教学设计如何精巧，却不关注学生在课堂上的活动质态，不用学生在课堂上的思维状态作证据验证此种精巧，则此种精巧极有可能是写作者的一厢情愿。

缺乏诗与思的教学论文，其立论大多缺乏新意，甚至有违教学规律。文章中探究的，或许是现实教学情境中司空见惯的行为。只是，所在皆是，并不等于所在皆合理。

什么样的立论，在教学论文的写作中注定会缺乏诗与思呢？

"发病率"最高的情况是，一种曾经风行一时的教学法，已被事实证明存在各种瑕疵，教育写作者却并不知晓其优点和缺点，依旧在文章中头头是道地分析推介，并煞有介事地用某些案例进行验证。这种类型的文章，近20余年十分普遍。因为，近20余年的基础教学领域，着实经历了太多的教学法"改革"。能经得住实践与时间双重检验的，实在是寥寥无几。

"发病率"居于第二位的是，教育写作者自身思维固化，被单纯应试绑架了大脑，写作教学论文时总是想着如何发现解题秘笈、如何在无限缤纷的题海中发现放之四海而皆准的解题技巧。此类应试技能探究的论文，在教辅类报刊上或许还有点儿市场，在真正进行教学艺术探究的大型期刊上，便无立足之地。

"发病率"排第三位的是，教育写作者在一定时间内对课堂教学进行了某种变革，改变了以往教学中的沉闷与低效，便视自己的改革为课改的应然方向，心急火燎地撰写教学论文推广自身的教学经验。遗憾的是，此种被视作看家法宝的经验，或是早有先行者探索过，或是并不切合教育教学规律。

这三种病，概括而言，分别属于后知后觉式、思维僵化式、超级自恋式。

二、写作无框架，跟着感觉走

时常有读者与我交流，谈其教学论文写作中的思维困惑。其中，谈得最多的问题就是文章的写作框架。太多的教育写作者，并非确定立意后先搭建合理的写作框架，再分块进行内容阐释，而是写下了文章题目后，便将思维交给了主观感觉，想到了什么，便写点什么。这样的写作，往往是写着写着便发现思维跑出去了，无法收回。于是，教学论文也就成了"烂尾工程"。

教学论文写作框架的价值意义，前文已有专题阐释，无需赘述。此处，只谈教学论文写作中的思维呈现。缺乏长期性思维训练的教育写作者，当其面对一种教学行为时，最初进入大脑中的必然是多年教学实践所积淀而成的感性价值判定，然后才会依照这个判定去寻找相关的证据材料。此种思维，感性结论在先，论证过程在后，获取的结论缺乏可信度。

将此种思维应用于教学法的探究中，往往会出现这样一种现象：教学"追星族"在观摩了追捧对象教授的某节展示课后，无法压抑内心的激动，便欣欣然打开电脑，开始撰写对偶像的教学经验进行归结分享的教学论文。此种写作，未开始时已确立了所有的价值认同，写起来便只要跟着这份认同的感觉去自说自话。其最终结果往往是用抒情替代议论，用对执教者的才情的追捧取代了对执教者教学行为合理性的深度解析。

此类型的病文，经常性出现在年轻教师的文字中。其共性化的病象，是文章多以"某某老师教学艺术探究"为标题，而内容则只能算是"听某某老师的课的杂感"。有些人写出来的文字，甚至只能称之为"杂"+"感"，即只是将一堆杂乱的感受堆砌在一起，全无教学论文应有的逻辑关联。

写作无框架的另一种常见病症，是内容的纠葛。写作框架的价值在于确立每一个板块的核心论题。心中无框架时，自然也就没有核心论题的意识。于是，针对一个论题进行分析时，往往尚未论证透彻，便转移到了其他论题的剖析中。写了一些文字后，思路又绕了回来，又把前面没有论证透彻的论题捡起来重新论证。这样的文章，读者往往理不清论证思路，无法准确把握作者的真实思想。

三、案例不典型，缺乏说服力

一位教师上了一节颇具创新意味的课后，写了一篇四千字的教学论文，系统阐释自己的教学理念。该文在结构上分为综述、具体论述、结论三部分。其中，具体论述又分为三个论述板块，每个板块基本结构形式为教学主张＋"我"的教学案例＋教学法提炼。

文章陆续投给了多家期刊，都是泥牛入海。这位教师便向我求助。我看了她的文章后，这样与她交流：你写的案例确实有一定的教学新意，但你通篇只以你的案例作论据，且始终将其当作真理进行分析，这便犯了教学论文写作中的一个忌讳——案例不典型。你不是名师，你的课堂行为不具备典型性和代表性。更重要的是，读者谁也不了解你，凭什么相信你的案例就是真理？

我给她提出这样的修改意见：将文章中绝大多数的"我"藏起来。一是在陈述"我"的做法之前，先适当列举名师对该类型问题的处理方法，然后再介绍自己的做法。二是将文章中表述为"我"如何做的内容，转换为应该如何做。这样的表达，带有鲜明的探究色彩，体现的是写作者对该问题的多层次思考。而直接说"我"如何做，容易招致读者的心理抵触。

该教师接受了我的建议，对文章进行了深度加工后，将稿件投给某知名期刊，很快便发表出来。

下面这个片段，节选自她修改后的论文：

借助于对文本语言的反复咀嚼，教师已经可以引领学生很好地感知文本的具体内容，了解文本的语言风格，这便将"怎么样教"落到了实处。作为一种深度的鉴赏，这还不够。教师还需要引领学生透过语言的缝隙，准确感知作者的创作意旨，让"为什么写"转化为学生的生命营养。

该环节的教学，依旧需要抓住文本中的语言来进行。可通过如下问题，引领学生走向文本的深处：

问题1：……

问题2：……

问题3：……

问题4：……

（具体内容略）

这四个问题，立足点只有一个：生命。文章中的葡萄，是一个生命，而不是一个寻常的水果。学生们一旦明白了这一点，再读课文中的所有叙述和描写，便都会拥有不一样的感受。

明了了上述问题后，课堂还需要往更深处迈进。这时，教师需要对教学内容进行必要的拓展，要告知学生，汪曾祺先生之所以如此熟悉葡萄，是因为他有过一段人生的坎坷。他在被打成"右派"下放农村的岁月中，曾经伴随着葡萄的成长，挥洒过劳作的汗水。他没有被失意的人生折服，而是以一种坦然的心境接受了逆境，并积极地从逆境中发现美好。正因为如此，他才能把葡萄的生长写得这么美，这么细致。

达成了这样的深度后，教师不要急于结束课文的教学，此刻，回过头来，再读文章中的若干语句，便可以读出另一种感受了。比如，读"是一种什么样的力量使葡萄拼命地向上吸水呢？"时就有了理想的答案；读"去吧。葡萄，让人们吃去吧"时便有了情感根基；读"葡萄，你愿意怎么长，就怎么长着吧"时便有了无尽的希望和祝愿；读"它倒是暖和了，咱们的葡萄可就受了冷啦"时便有了担忧与怜悯，有了感同身受的情感体验。让学生吟诵着这样的语句结束本节课的学习，便留下了无穷尽的韵味，回荡在生命的长河中。

这些内容，本都属于该教师在课堂上呈现的具体活动。当其只表述为"我"提出了四个问题，然后利用 PPT 补充介绍了汪曾祺的坎坷人生，再结合其人生经历品味文章中几个具体句子时，作者便只是在陈述一个非典型的教学案例。进行这样的修改后，修改稿中出现的案例，因为失去了具体的操作者，反而成了一种值得思考和信任的共性化教学行为，表达出的意义，便是在推演探究一种适宜的教学方法。

四、语言少韵味，思维显混乱

上一讲的第四小节，探究了让教学论文语言美起来的相关方法。这是正向立论。本小节的着眼点，在于以教学论文写作中客观存在的各种语言问题为抓手，解析形成病症的多方面原因。这是反向立论。

教学论文写作中常见的语言表达问题，大约可归结为四大类型。

其一，言不尽意。初写教学论文的人，往往存在这样一种写作困惑：心中对某个教学问题似乎已形成了完善的想法，真正动手写作时，表达出来的却明显不是那么一回事。呈现出来的语言，或是零碎杂乱，或是表意模糊，或是条理欠缺，或是虚空无物。出现此种病症，多是因为作者尚未将想表达的内容真正思考明白。

其二，故作高深。真正优秀的作品都是以现实生活中的小事件、小问题为缘起，在逐层深入的解析中，一步步将思考拓展至共性化的时空，最终完成对某一类别的问题的整体性探究。这样的文章，用较低的起点将读者吸引过来，然后引导他们不断地变化角度思考，最终抵达思维的最高峰。差的教学论文则是开篇便竭力堆砌各种高深的教学理论和名家言论，试图以他人的宏论提升教学论文的品位和高度。进入正文后，又缺乏与之紧密衔接的理论剖析或案例分析，只是谈论一些司空见惯的现象与问题。这样的文章，便如同一顶华美且硕大的帽子下面藏着一个毫无认知深度的婴儿。

其三，语体失当。教学论文的语言需为典雅的书面用语。此种语言，首先需要远离口语，其次需要避免文白夹杂，第三需要少用形容词，第四需要慎用感叹句和反问句，第五需要少用短句。初写教学论文的人，往往习惯于用口语表达的方式陈述观点主张，这样的语言缺乏规范性。文白夹杂的最大问题在于"掉书袋"，既影响表达的准确性，又有卖弄学问之嫌。形容词、感叹句、反问句、短句等，则多适用于描述性语言，有利于表达丰富的情感，不利于阐释深刻的事理。

其四，句段臃肿。参加过高考的人，在高三复习阶段的语文课上，一定都进行过长短句变换的专题训练。将句子由一个复杂单句分解为一个多重复句，或者将一个多重复句整合为一个复杂单句，并非简单的文字游戏，而是表达的特定需要。论文的语言多讲究内在的逻辑，注重词汇间的搭配次序，借以体现思维的层级性。故教学论文的语句多为长句。但这样的长句必须以表意顺畅为前提。如果句子过长，超过了40个字，则既容易出现病句，也容易招致表达上的歧义。

同样的道理，教学论文中的任意一个段落，也不要文字过多。即使从最直观的视觉效果而言，拥挤着上千文字的段落，也会给读者带来视觉上和心理上的双重压力。一个段落，两三百字，看起来清爽，也利于集中阐释一个核心论题。

  这四方面的错误，教育写作者稍加关注便能够克服。只要本着说真话、说"人"话、说自己能理解的话的言语要求，便会在写作实践中不断规范自身的言说形式，写出能够被读者喜欢的语言。

第23讲 教学论文的投稿要诀

文章写出来，不是为了藏之名山、束之高阁，而是为了与他人分享教学智慧。因而，投稿并争取发表，是教学论文写作时终须面对的一个现实问题。然而，并非所有的教育写作者都懂得如何投稿。我经常接到的求助信息，就是请我帮助推荐文章给相关刊物。求助者往往会说这样的话：你认识的编辑多，请你帮我把文章转给相关的编辑。在这些求助者的意识中，教学论文投稿，就是托个熟人、找个熟悉的编辑把文章发表出来。

我确实帮助过一部分教师成功地发表了一些教学论文，但我依凭的绝不是和编辑熟悉、有私交。事实上，我所遇到的编辑都是公私分明的职场精英。个人私交是一回事，发表论文则是另一回事儿，两者全无关联。

那么，为什么我能够推荐一部分论文发表出来呢？道理很简单，因为我在这么多年的阅读和写作过程中，大体了解了各家期刊的价值定位与用稿风格，能够根据期刊的用稿需要，把适宜的稿子转发给相关的栏目。

具体而言，教学论文的投稿应注意下述三方面问题。

一、标题醒目，立论新颖

有过网络平台投稿经验的教师都知道，无论我们写作出一篇什么样的教学论文，利用网络投稿时，最醒目的信息一定是标题。标题就是一篇教学论文的身份证或名片，当其第一次出现在编辑的视线中时，能否激起编辑阅读的兴趣，对文章的命运至关重要。试想，编辑如果不点开文章，则再锦绣的文章，也只能躺在黑暗的时空中。

我这样说，并非批评期刊编辑玩忽职守。事实上，每一名编辑都会尽最大努力善待作者的海量投稿。但是，中国太大，投稿者太多，有影响的期刊却极为有限，致使编辑每天的阅稿量时常超过能够承受的极限。此种情况下，必然会有一部分稿件无法拥有与编辑亲密接触的机会。

如果你是一位优秀的教育写作者，你的稿件当然会得到某种优待。比如，你的名字被列入优先阅读者名册；你拥有栏目编辑的多种通联方式，有一定的绿色通道，确保稿件被编辑发现并阅读。遗憾的是，绝大多数初写教学论文的教师享受不到这些优待，必须凭稿件的实力，在"稿山稿海"中杀出一条路。这时，教学论文的标题的价值就显现出来了。

什么样的标题，能够吸引编辑的注意力呢？探究这个问题之前，先反向思考：什么样的标题，令人望而生厌？

我曾受邀担任某市的论文竞赛主审。对方要求我在72小时内，从近800份论文中挑选出一等奖论文50篇、二等奖论文100篇、三等奖论文150篇。以每篇论文平均3000字计算，阅读一篇论文的时间，至少需要5分钟。800篇需要阅读4000分钟，将近70个小时。很显然，如果每篇文章都仔细阅读，此任务就无法完成。

我的做法就简单多了：先依照标题进行初选。凡题目为"小议某某""浅谈某某""新课程背景下的某某"，或题目充满诗情画意的，都先剔除出来，作为不合格的文章。就这一道工序，200余篇文章便被筛选出来。

我这样做，一定会有好文章被"误杀"。但我相信，90%的作品"死"得不冤枉。试想，一名作者连开动脑筋命制一个醒目的标题的功夫都不愿意下，又怎么会调动全部力量精雕细琢一篇教学论文？至于题目满是诗情画意的，其教学论文也一定过于感性，不会拥有极其严谨的逻辑推演。

能够激发我阅读兴趣的，是这样一些标题："人文：小学数学课堂的应然价值追求""高中生物教学中'内隐学习'理论的应用""背诵教学'厚古薄今'现象的分析与对策""生物实验结果异常的原因分析与应对策略"……此类标题中，论题明确，论点鲜明，见题目便知整篇论文的核心内容，能够引起我的探究欲望。

由此案例可见，给教学论文命制一个醒目的标题，是赢得编辑认可的第一步。这一步走对了，文章便能在诸多的平庸标题中脱颖而出。醒目，当然无需哗众取宠。需要的，只是将论题亮出来，将观点摆出来，让立意有新意。

二、知己知彼，投其所好

每一家期刊都有自身的价值定位。这样的定位，既受期刊自身文化积淀的影响，又受期刊所在地区的整体性文化诉求的影响。这便如同我国的八大菜系，都是精美佳肴，味道却千差万别。

要想知道某个菜系的具体味道，自是不能听他人描述，必须亲口品尝。要给一家期刊投稿时，也必须认真阅读该刊物，了解它设置了哪些栏目，分别刊发什么样类型的稿件，习惯于何种表达形式。这样的阅读，不能只限于某一期的内容，必须将该期刊最近半年甚至一年刊发的文章作系统性研究。如果你在研究中发现该期刊一年中发表的教学论文，没有任何一篇和你的文章有相近之处，那么，这个刊物就不适宜你投稿。反之，你几乎在每一期的文章中，都发现有相似的表达形式，则该期刊便符合你的投稿需求。

信息化时代，要了解一家期刊发表过哪些稿件，只需借助网络搜索引擎便可轻易实现目标。有些教育写作者，一味瞄准核心期刊而不屈不挠地投稿，却不去研究该期刊近阶段的用稿风格。这样的投稿，就算稿件质量再高，也有可能不被认同。道理很简单，人家期刊要经营的是一桌淮扬菜，你硬塞去的是川菜，菜做得再好，也没办法摆上餐桌。

我曾在《人民教育》上发表过一篇课堂实录。将该实录通过电子邮箱发给相关编辑之前，我认真研读过他们一年多时间内发表的数个课堂实录，发现能够发表出来的实录，都具有极为鲜明的人文主义思想。于是，我从多个实录中挑选出两则具有该思想倾向的实录寄过去，很快便收到了编辑的电话。编辑和我聊了将近一个小时，探讨中学语文教学中如何强化人文素养教育的问题。最后，编辑告诉我，两个实录都可以发表，但以《人民教育》的用稿规格，不可能在短时间内发表一位普通教师的两篇实录。最后，我选择了《一个人的遭遇》的实录发表在 2006 年第 17 期《人民教育》上。

前两年，我又录制了很多节展示课，整理出多篇课堂实录。这些课，从内容到形式都较 2006 年时有了长足的进步。再想给《人民教育》投稿时，发现已无可能。因为，研读其两年多来的各期内容，均未见课堂实录的身影。我便将这些实录，分别投给经常性发表课堂实录的期刊，最后陆续发表了出来。

三、多读多改，力求完美

生活中，人们常常有这样一个习惯：需拜见朋友、探访亲友时，一定认真梳洗打扮一番，把自己装扮得干净利落了才放心地出门。而且，越是见重要的人，装扮越认真。因为，人们有一个共识，装扮是对对方的尊重。只有尊重对方，才能赢得对方的尊重。

投稿其实就是让稿件去拜见朋友、探访亲友。在此过程中，多读多改就是对稿件的最认真装扮。我最喜欢和读者交流的一句话是，你的文章你自己都懒得读一遍，却幻想着别人会视作珍宝，岂不是痴心妄想？作者自己读起来都感觉难受的文字，绝不会有第二个人愿意去研究它。

所以，教学论文完成后，一定要认认真真地读。不能一目十行地浏览，必须一句一句地吟哦。但凡读起来觉得拗口的内容，便需要修改：或是删除相关词句，或是调整相关段落，或是干脆忍痛割除，另作新论。

在反复诵读的过程中，还需推敲教学论文中论点、论据与论证的逻辑关系。不妨多想一想，文章的表达是否严谨，引用的论据是否真实可信，论证过程是否逻辑周延。很多时候，灵感的火花会在这反复诵读中突然转化成照亮昏暗的熊熊火炬，原本缺乏深度的认知，突然间便找到了抵达深处的理想路径。这时，将这样的顿悟纳入教学论文中，文章便有了锦上添花的效果。

十余年前，某教育期刊的资深编辑曾在网络上发表长文，从编辑视角谈写稿投稿的"秘诀"。该文的第一部分，总结了一线教师投稿的五种情况，并直接告知了对应的五种结局。其中，被列为"直接舍弃"的，是"文题和各级标题空泛、烦琐、不确切，或缺乏新意和概括性；立论肤浅或过于宽泛；结构安排不够条理；逻辑联系时有混乱"的作品。被列为"一般不会被采用"的，是"稿件虽然立意有一定的指导性和推广价值，但结构安排不够有条理，逻辑联系时有混乱，语言和材料也比较粗糙"的作品。该编辑认为，"此类稿件的作者态度不够端正或文笔有问题，即使要求修改也不会提高多少"是影响稿件发表的最重要原因。

被列为"一般会被采用"的，是"稿件立意一般（很多人都在论述），但作者文笔很好（稿件语句通顺，结构合理，体例和字数符合刊发要求，很少病句，无错别字）"的作品。这条标准，出乎很多人的意料，却又在情理之中。毕竟，一线教师能够接触到的，多不是最新的理论。只能围绕着很多人都在探究的话题去阐释相关主张。大家都在谈论同一个论题，理解的深度又大体相同，自然是挑选读起来舒服的文章发表。

之所以要列举这个例子，是因为该编辑强调的内容，多包含在"多读多改"四字之中。读与改的目的，就是纠正错误，扫除他人的阅读障碍。在读与改中，纠正了错别字、错误标点、错误分段和病句，调整了表达顺序，理顺了句与句、句与段、段与段间的逻辑关联，不就达到了"一般会被采用"的标准了吗？

第24讲　教育论文的写作策略

比教学更广阔的，是教育。有人的地方就有教育，有教育的地方，就有教育研究。教育研究的选题范围，不但涵盖了学校教育的方方面面，而且将家庭教育、社会教育一并列入其中。

写作教育论文时，最基本的立意，必然是生命的健康成长。无论探究什么样的教育技能，最终呈现的方式方法，都必须能够顺应生命的发展需要，不以扼杀个性、好奇心、进取心和创造力为代价。好的教育，运行在呵护与修正的双轨之上；好的教育论文，以赏识与惩戒为并行的双脚。

大体而言，教育论文的写作，应遵循下述三方面的策略。

一、立意：呵护成长，不违规律

学校文化教育、制度条例教育、班主任教育、教师教育、家长教育、社团教育、学生互助教育、学生自主教育等等，均与作为个体的学生的成长紧密相关，汇聚为生命成长的外部环境。当这些外部环境的运转方向与学生个体的成长方向一致时，便能够形成合力，推动着个体生命朝向最美好的目标快速发展。当外部环境与学生个体的成长方向出现偏差时，便形成阻力，阻碍着个体生命的健康成长。教育论文的写作价值，正是要深入探究诸多外部环境建设间的合理性方式方法，深入探究学生个体成长中可能存在的各种目标偏离，为教育者和被教育者寻觅双方皆可接受的良方，既用以治疗被教育者存在的各种病症，也用以治疗教育者和教育环境存在的各种病症。

日常的教育论文写作中，多数作者习惯于解剖学生身上存在的各种问题,然后从既有的外部环境出发,努力建构适宜的教育路径。这样的文章容易出现立论的错误。因为,绝大多数时候,问题学生的形成,根源正是教育环境,尤其是错误的制度条例和错误的教育行为。

故而,写作教育论文时,真正有价值的立意,应指向各种教育环境。一线教师的教育论文,应先学会解剖自我,解剖业已存在的学校文化的合理性,解剖学校集体教育、班主任班级教育、教师班级教育、家长教育中可能存在的各种"伪教育""反教育"的元素,然后探究这些元素给成长中的学生带来的具体伤害,再致力于寻找自我救赎的具体方法。此种反思型教育论文,便是抓住了教育的本质。

来自一线的教育论文,也可以致力于良性教育环境建设的经验归纳,其前提是此种教育环境确实带来了整体性教育质态的改变,激活了绝大多数学生的成长欲望。比如,有些班主任利用微课程建设调动起全班学生的学习主动性,在润物无声中修正了一部分学生行为习惯上的偏差。这样的班级文化建设,便值得作为典型经验而展开深度解析。

写作经验型教育论文时,最忌讳的是"我以为"。须知,"我以为"某些做法"极大地改变了学生的精神面貌",并不代表此种改变就符合教育规律。比如,某些学校通过极为严苛的"精细化管理",将学生的吃饭时间、自由活动时间、上厕所时间都进行了具体的规定,致使所有学生都"将全部注意力集中到书本知识的学习上",这样的"经验"便只能称为"反教育"。现实的教育情境中,为数不少的教育工作者,自身对教育的理解出现了错误,却以这样的错误来要求学生,这便永远也无法将学生引入健康成长的轨道。

在学生生命的健康成长这一教育主旋律之外,还存在着另一种不可忽视的成长咏叹调,那就是教师的成长。写作教育论文时,紧扣教师成长这一立意,同样可以写出无数篇文章。我在近十年中,极少写作学生教育的论文,却写了几部教师教育的专著和几十篇论文。在我看来,教师教育中存在的问题更多,更值得深入探讨。

研究教师教育问题时,注定绕不开学校管理中的诸多问题,比如量化考核、绩效工资、评优评先、职称晋级等等。此方面的内容,同样属于教育论文应该关注的立意点。一所学校也是一个生命体,也存在着健康成长的价值诉求。研究学校文化建设中的诸多元素，探求严谨规范而又不失人情的管理形式，也是教育论文应该承担的一份责任。

另外，当下的教育情境中，家长"绑架"学校的现象不算个案。于是，家长教育便成为学校教育不得不关注的一个热点问题。目前，这方面的研究在一线教师队伍中还较为稀缺，抓住这样的热点展开思考探究，写出来的文章往往会享受到"物以稀为贵"的优待，更具公开发表的竞争力。

二、选材：着眼细节，挖掘根源

无论是从何种写作视角立意，在确立了教育写作的宏观目标之后，紧随其后的便是寻找适宜的写作素材，以具体的事实材料和合理的理论材料，支撑起教育论文的核心观点。

教育论文对事实材料的选择，与教学论文具有相同之处，同样应着眼于真实情境中的各种细节。教育论文，更容易出现架空分析的病症。一旦脱离了具体的细节，文章极易沦为空洞说教。看似每一句话都永远正确，却又永远解决不了任何实际问题。

事实上，真正的教育恰恰体现在细节中，真正的教育论文，也不得不关注细节、分析细节，并由具体的细节而提炼出共性化的见解与主张。只是，教育论文中的细节呈现方式，不同于教育叙事和教育案例分析，后两者可以有较长篇幅的叙述性内容，教育论文中的细节，只是论据材料，只能概述，留下更多的篇幅，给分析议论的内容。

2014年第9期《人民教育》，发表了我的教育论文《教育的正面与反面》。这篇论文的写作动因，在于纠正当下教育中对惩戒教育的错误认知，倡导在学校教育中推行必要的惩戒制度。该文的选材，则均是着眼于教育生活中的琐屑之事，努力从细节中发现应有的教育规律。

该文的整体框架很简单：一个综述，三个板块。每个板块围绕一个小标题展开。小标题分别为"惩之有据，重在规范""惩之有度，重戒轻惩""惩之有法，重在唤醒"。

写作第一板块内容时，我以一次监考中遭逢的作弊行为作素材，由"亲眼见到了他的作弊，却还是没有办法采用必要的惩戒措施教育他。因为，他的作弊，我拿不出让所有人信服的证据材料"的挫败而梳理出导致失败的三条原因，进而指出该类型的失败在学校教育中的非偶然性，最后设想了解决问题的应然方法。

写作第二板块时，我分别以放学时在快车道上骑车的学生、早读课"习惯性"迟到的学生、儿时在语录牌上乱写而被开除的学生为例证，从三个角度剖析事理，寻找方法。这三则材料，显然也都属于日常教育活动中的细节性素材。

写作第三板块时，我侧重于阐释四种理想的惩戒教育模式。每一种模式，也都是用最概括的语言，陈述一个教育细节，然后对该细节中蕴含的惩戒艺术进行分析。比如这段文字：

报载，澳大利亚有几个少年放火把森林烧了，烧死烧伤很多人和动物。澳大利亚政府的做法是，让他们挨家挨户去道歉，安慰受伤者及其家庭。这些孩子去道歉时，看到被大火烧伤的人触目惊心的惨状，灵魂上受到极大的震撼，深深地为自己的过错而自责。澳大利亚政府的这种惩戒方法，表面上看，惩罚的力度似乎过轻，未能发挥法律的巨大震慑作用。实际上，这样的方式最有力度，因为它最具人性化，最能震撼灵魂。它既不伤及孩子尊严，又使他们从中受到了终生难以忘却的教育。这样的惩戒，属于"体验式惩戒"。

下面这三段文字，是对该文第二板块第三则材料的呈现与分析。以此为模本，可探究教育论文由细节而挖掘根源的写作技法：

实施教育惩戒时，需警惕"杀鸡儆猴"心态。惩戒之道，重在纠正被惩戒者的错误行为，使其在未来的成长过程中不再出现相同的错。这样的惩戒，育人是根本。倘若不顾及被惩戒者的未来成长，给被惩戒者轻率地贴上各种标签，借此警告所有试图犯错的学生，则必然背离了教育惩戒的育人宗旨，将教育扭曲成了专制行为。

我读小学时，曾有三个同学，因为在供销社的语录牌上随意涂画，被荒唐的年代定性为"走资派的小爬虫"。这样的标签，让这三个同学很快都离开了学校。此种过分荒诞的行为，其实并未随着荒诞时代的结束而结束，而是改变了装扮，打着各种"为你好"的旗子，继续招摇在教育的时空中。比如，时至今日，依旧有学校对拿了他人物品的学生采用示众方式进行处罚；依旧有学校用张榜公布考试名次的方式刺激学生；依旧有学校热衷于让家长将孩子领回家停课反省；依旧有学校将部分学生贴上另类的标签，让他们坐特殊的座位，"享受"特殊的待遇……凡此种种，虽然彰显了错误，却极少能够起到主动疗救的效果。

当然，实现行为纠偏目标的方法，并无定式，却有定规。这定规中，最基本的一点，在于被惩戒者必须在惩戒过程中知道自己到底错在哪儿。任何人，只有真正认识到了自己的行为是错误的，并且知道自己错误形成的原因，才可能从根源处斩断再次形成错误的邪恶之根。学校教育中的惩戒，必须将这一点落到实处。

这三段文字中，第一段先摆观点，然后从正反两方面对论点进行分析。第二段先概述一则教育细节，然后分析该细节中存在的"反教育"元素，再将该个案性细节推演至当下的共性化现象。第三段对第二段的分析进行总结提炼，将建立在感性认知基础上的事理分析，上升至理性的、规律性的思维品质的高度，形成解决问题的结论性观点。由此三段文字的内在逻辑关联可见，贴近生活选取典型的细节，确实有利于把抽象的道理说明白。这样的分析论证，既抓住了问题的本质，又接地气、有人缘，可读性强。

三、结构：多元分析，论证为本

教育论文与教育案例分析的最大区别，在于教育论文"论点先行"，教育案例分析"事例先行"。教育论文的写作，总是先确立需要探究的宏观性教育问题，形成指向明确的观点，然后从多个角度对该观点进行分析阐释。其中，所有的论据材料，仅是用来证明观点的一个用件。同一个论点之下，可以选用甲论据材料，也可以选用乙论据材料或丙论据材料。

教育案例分析则刚好相反。教育案例分析总是围绕一个固定的材料而展开分析，具有材料的无法替换性。面对此固定的材料，不同的教育写作者却可以提炼出不同的观点，然后围绕该观点逐层深入地挖掘下去。

辨析两种不同类型的教育文章的写作差异，目的在于梳理教育论文的应有结构形式，为教育论文的写作扫清认知障碍。教育论文的框架结构，应以"一干多枝"为主要表达形式，先围绕一个核心论题作综合性阐释，形成贯穿全文的中心论点（即"一个主干"）；然后采用分块论证的形式，将中心论点分解成若干个分论点，再围绕这些分论点精选论据材料作深入的分析论证（即"多个分枝"）。教育论文的"多个分枝"之间，可以是并列式结构、层进式结构，也可以是纵横交错式结构。这一点，与教学论文的框架完全相同。

下面三篇教育论文，都是采用的此种结构形式。

例一：《换位思考，让天空更高远》（5700字，《教师博览》，2014年第11期）。

综述部分，以学校管理中的几个"怪圈"引入管理者视角与被管理者视角的差异，推导出"将一件事放在两个不同的角度观察，也就形成了两种截然不同的认知"的结论，确立起"学校的管理者应该学会从教师视角思考问题，教师也需要学会站在管理者角度，思考并认知学校的各项制度、各种方案"的主张。

分块论证部分，分别从"换位思考看待公平""依照规律思考任务""学会接纳积极建言""学会等待学会包容"四个角度作并列式论证。四个板块内容各自独立，互不包含，共同服务于综述部分确立的结论和主张。

例二：《今天，我们应该如何考试》（5000字，《教师博览》，2015年第3期）。

综述部分，将考试分解为检测性考试和选拔性考试两种类型，然后解析其间的多方面差异，形成"当越来越多的人，将学习的目标、意义、价值全部指向选拔性考试的最终结果时，考试本身便成了一种教育的灾难"的结论。

分块论证部分，分别围绕"所有的考试，都非良性刺激物""为什么考，决定考什么""考试越多，世界越狭窄""考试培养不出真正的学习兴趣""考试背后无教育"五个小标题展开学理分析。这五个板块，前两个板块为并列式结构，后三个板块为层进式结构。后三个板块中，前一板块的内容，构成后一板块分析内容的病因。

例三：《校规的价值在于促进学生成长》（4900字，《教学与管理》，2015年第7期）。

综述部分开篇亮明观点："教育需要一定的规则和制度，但绝非所有的制度，都能够催生出真正的教育。"随后作简要分析。

分块论证部分，分别针对"约束，但不捆绑""引领，但不替代""激励，但不放纵""规范，但不教条"四组八个论题进行剖析，并在论题的两两并举中运用正反结合论证的技法，对比着阐释事理。

教育论文当然不会只有这一种结构形式。之所以连举三例，是为了告诉初写教育论文的教育写作者，这样的方法行之有效，不妨先采用这样的章法结构写起来。

掌握了教育论文的基本结构框架后，教育写作者须将注意力转移到各板块内容的事理分析上。教育论文在本论部分分条阐释事理时，应将重心落在对论据材料的解析与阐释上，尽量少用叙述性文字。事实性论据材料的引用必须精炼概括，能不作细节描绘时，便只用概述。此种安排的优点，是避免论证过程中的信息干扰。要让该过程条理清晰、思维流畅，便必须砍削无关紧要的辅助性信息，把最重要的材料凸显出来。

下面这几段文字，节选自《校规的价值在于促进学生成长》本论部分的第二个板块"引领，但不替代"。其紧扣分论点阐释事理的过程，就较好地体现了"多元分析，论证为本"的论证要求。

任何时候，规章制度都应该具有先行性。……任何时候，规章制度又都客观上具有滞后性，……

学校教育中，最可怕的现象是用后制定的规章制度来裁决出现在这些空白处的问题。这样的规章制度，只有处罚，没有引领，不具备任何契约精神。

符合契约精神的规章制度，一定程度上，存在着"愿赌服输"的心理诉求。……反之，规章制度出现了漏洞，被另一方钻了这个漏，捡了便宜，规章制度的制定方，也同样应该坦然接受这样的事实。

　　契约精神之外，学校教育中的各项规章制度，还应该具有"多倡导、少制约"的属性特征。……

　　当然，绝大多数情况下，学生感受不到规章制度的存在。因为，只要不是以捆绑思想、限制行动为目标的规章制度，便具有开放性特质，能够任由青春的生命自由自在地绽放自己的花蕊。一所学校，倘若需要天天强调某些规章制度，天天安排专门的人员检查各种规章制度的落实情况，则这所学校一定不是在办真正的教育，而是在培养一批只懂得接受与服从的奴才。这样的奴才，表面上隶属于分数这个主人，实际上隶属于强权拥有者。

　　真正的教育，以培养独立的、健全的人格为己任。这样的教育目标，无法用僵化的规章制度替代，只能来自多元化的成长方式，来自合理的引领、必要的包容。

　　限于篇幅，选文中用省略号代替了数百字的分析论证。仅从呈现的内容看，其"论证为本"的写作思路还是能够清晰地梳理出来。初写教育论文者，可以此为分析论证的写作参照。

第25讲 教育论文的说理技巧

理清了教育写作中的立意、选材和结构这三大宏观性问题之后,我们需要将注意力转移到具体的说理技巧中,从微观呈现的视角,通过一定量的案例分析来探究观点呈现、论据表述、论证分析的应有技法,同时剖析论点、论据、论证三者间的交互关系。

在高中阶段的语文学习中,我们已经初步了解了议论文的几种常见论证方法,如举例论证、道理论证、反面论证、对比论证、类比论证、因果论证、假设论证、归纳论证、演绎论证等等。这些论证技法,全部可以应用于教育论文和教学论文的写作。篇幅较长的教育论文中,依照表达的需要,可灵活选用多种论证方法。

下面,我将结合具体的写作案例,对这些说理技巧作一摘要分析。

一、举例论证

运用举例论证技法时,有三个要点:第一,例证的呈现不能太具体,应以概述为主;第二,呈现例证的语言中,必然包含一定量的议论性内容;第三,例证只是用件,为印证论点服务,必须通过详细的分析,将例证中藏着的道理挖掘出来。下面这个片段,就体现了这样的特点:

比如,相当数量的学校,都存在着这样一条制度:升旗仪式或者其他大型集会时,必须统一着装,一律穿校服。这条制度最早产生于何时何校,无法考证。这个制度依托的是什么样的法律法规,也无法考量。若干年来,这样的制度却被无数的学校、无数的学生执行着。不是学生喜爱穿校服,更不是因为穿校服便能够培养起学生的某一方面的道德品质或人格操守,穿校服的全部理由,或许只是两个字:规定!既然是规定,便必须执行,纵然有一万个不情愿,还是得执行,否则,便是违反纪律,便会遭受批评。这一条制度,便是将原本属于上限的集体之爱,强制性划定为必须遵守的纪律底线。

——节选自《校规的价值在于促进学生成长》,《教学与管理》,2015年第7期

这段文字中,第一个句子呈现例证;第二、三句,对例证内容进行解析;第四至六句,抓住"规定"这一冷冰冰的内容进行分析,揭示例证材料的非理性与反教育的本质;最后一句,对全段作总结。全段中,属于例证呈现的文字为47字,属于例证分析的文字为213字。"例"为辅,"证"为主。

二、道理论证

道理论证主要指运用名家名言、公理定理等内容充当论据材料的论证技法。运用该技法证明论点时,重心必须落在对该道理与观点的逻辑关系分析上。且看下面这段文字:

古语有云:君子坦荡荡,小人常戚戚。面对学校管理中的是是非非时,如果我们能够多一点君子之风,多从尊重教育规律、尊重学生生命成长需要、尊重我们自身专业发展需要的角度思考问题,多从科学化、人文化管理的角度思考问题,尽可能少地背负私利的包袱,则我们的教育之路,绝不会越走越窄。

——节选自《校规的价值在于促进学生成长》,《教学与管理》,2015年第7期

段中第一个句子呈现古代名言;第二个句子扣住"坦荡荡"和"君子"

两个概念而作分析，将"坦荡荡"细化为"尊重规律""不背负私利的包袱"等具体的教育行为。两个句子间，后者为主，前者为辅，同样体现出"论"的特征。

三、反面论证

几乎所有的教育问题，都存在着正向评论与反向评论两个视角。只是，很多时候，教育写作者习惯于正面立论，对反面论证缺乏足够的关注。

下面这几段文字，就很好地运用了反面论证的技法：

有一些校长，新官上任，急于建功立业，前三把火，火力太猛，灼痛了很多人。与这类校长相处时，身为教师的我们，必须学会等待，学会包容。

这类校长的共性化特点，在于热情有余，经验匮乏。因为有热情，他们便似乎总有使不完的力气，一会儿折腾这事，一会儿折腾那事；因为缺乏经验，他们又似乎总难找准问题的关键，虽然手中的大斧子轮得惊天动地，却多数是在做无用功，斩不到病根上。

这一类校长，常常会让老师们产生"一阔就变脸"的认知错觉。人们总习惯于将由于位置变化而带来的行为变化，误读成性格变化的影响。这样的误读，往往会造成情感上的主动疏远，原本亲密无间的兄弟，慢慢蜕变为普通的同事关系。

如果我们能够从这类校长的视角思考问题，便会发现，他的种种行为，大多时候，不过是在履行他的职责。校长的身上，必然担负着校园文化建设的重担，他的思考，自然不再局限在一个人、一门学科之上。他想要改变一些既有的状态，难免要触动某些人的利益。只是，这样的触动，须讲究一点工作方法，注重一些工作细节，本不必形成过大的动静。

——节选自《校规的价值在于促进学生成长》，《教学与管理》，2015年第7期

该案例中，论证的核心论题是"学会等待，学会包容"，这是从教师视

角确立的写作主旨。为了论证该观点，举了新校长的例证，概述出新校长常有的诸多种错误行为。新校长的行为，显然是不懂等待，不懂包容。这样的论据，与核心观点的主张刚好相反，便是反面论据。围绕该论据而展开的分析，便是反面论证。

四、对比论证

教育论文中，当我们需要对某些"伪教育"甚至"反教育"行为进行深度剖析时，常规的写作方法总是先呈现反面案例，并对其进行多层面的分析，然后正面设例，展示应有的状态或方法，并作相应的理论阐释。

下面这段文字，便是采用了对比论证的技法：

明显违背教育规律的"拔尖"行为，不但没有让李老师受到批评，反而使其赢得了荣誉，获得了实实在在的物质与精神收益。年复一年的重复中，李老师拥有的好处越来越多。这种病态的评价机制，在将一种扭曲的教育价值观无声传达给了李老师的同时，又通过类似于条件反射实验不断强化这种教育价值观，使李老师找寻到了在学校中生存和发展的最理想路径。而同轨的老师们，遵循规律面向全体，却落个出力不讨好。两相比照，在强调"学会生存、学会发展"的当下，李老师自然知道应该如何"走好"未来的教学之路。

——节选自《"一俊"凭啥"遮百丑"》，《江苏教育》，2007年第5期

这段文字，旨在剖析基础教育阶段具有共性化特征的"一俊遮百丑"的病症。为了将道理阐释清楚，我采用的是先对病例进行剖析，再用正例进行比对的方式。通过这样的对比论证，"一俊遮百丑"的荒诞便显现出来。

五、类比论证

类比论证是在阐释事理的过程中，通过同一视角的对多种材料的分析，

论证核心论据材料的正确性。运用类比论证手法时，类比的材料间存在着主与次的区分。

下面这段文字，便运用了类比论证的技法：

换个角度来看，中国的文人，自古以来就特别崇尚的"士为知己者用"，又何尝不是对于满足尊重的需要和自我实现的需要的中文版的诠释？中国的教师，基本上属于"要求于人的甚少，而奉献于人的甚多"的群落。这个群体生存发展的道德基础，完全在于一种根深蒂固的蜡烛、春蚕精神。然而，这种类似于自我毁灭般的牺牲，并非一种完全不计报酬的付出。自我实现的需要，更多时候，是通过管理者的物质支付与精神支付来满足的。从物质支付上看，体现的是多劳多得的必然性；从精神支付上看，则是对于劳动的口头肯定和实际认定，这种认定，就是给予奉献者以必要的价值认同，比如给予他们应该拥有的各样荣誉称号，而不是把这些称号据为己有。

——节选自《学校管理，莫要为难优秀者》，《教育时报》，2007年2月14日

文段中有关"中国的文人"的论据材料，原本与该文的论题无关。将其引用到论证过程中，并进行简要分析，只是为了充当类比材料，证明"中国的教师"的群体性品质。因为二者本属相近的群落，中国文人身上具备的品质，便可用来印证中国教师的品质。

六、因果论证

教育领域内，各种各样的现象背后，都必然存在着特定的教育理念和教育行为。解析各种教训或经验时，要想透过现象发现本质，就必须善于使用因果论证的技法，或由果溯因，或由因推果，打通事理的内外关联。

下面这段文字，便是运用了由果溯因的论证法，由"一俊遮百丑"的事实，推知该现象的形成原因：

学校的校长与主任们，是决不会官僚到各个班级高考考取多少个本科都不清楚的地步的。因为关注各个班级的指标数、关注各个班级中所有可供挖掘的升学潜力，长期以来一直是高中阶段教学工作的重中之重。在明知李老师班级的本科达线人数年复一年处于同轨中最末位置的情况下，依旧将李老师树立为学校高三教学的一面旗帜，这就表明，学校在保证升学率不低于同类学校的情况下，并没有把让更多学生走向高校作为自己的办学宗旨，而是通过比拼考取一流重点大学的学生数额，来实现提升学校知名度、吸引本地和外地优秀学生的目的。由此，我们可以发现，校方所以给予李老师如此优厚的待遇，并不一定是对他工作的认同，而是需要这些清华北大的录取通知书来装点充实学校的门面。

——节选自《"一俊"凭啥"遮百丑"》，《江苏教育》，2007年第5期

运用此法时，需注意因与果之间绝非一一对应关系。一种起因，可以形成多种结果；一个结果，也往往有多个起因。只有尽可能多地将因或果挖掘出来，对该事理的分析才有深度。

七、假设论证

教育工作中，面对某种挫败，我们常常会发出这样的感慨：假如这件事如何如何去做，结果一定会是如何如何。当我们这样感慨时，便是用假设论证的手法，作一段口头的议论文。

假设论证的重点，不在于假设的内容，而在于对该内容的分析推理。因为是假设的状况，便没有现实的证据材料，必须依照常规推论其可能出现的各种状况。故而，假设论证也可以称为推理论证。

下面这段文字，内容虽短小，却符合假设论证的结构特点：

换个角度来思考，倘若同轨其他班级，人人都如李老师这般操作，校方是否就很高兴呢？答案是否定的。因为眼下的学校升学率比拼，本科达线人数是首要因素。可以说，是同轨其他老师的努力，保证了学校的本科达线

率,然后才有了李老师的"异军突起"。

——节选自《"一俊"凭啥"遮百丑"》,《江苏教育》,2007年第5期

此处,由假设人人皆只抓尖子生的情况,推导出学校肯定不高兴的结论。然后辅之以因果论证,揭示出只有大多数教师面向全体学生展开合理的教育,才会有学校升学率的保障,才会有李老师的荣光的道理。这样的论证,属于换位思考,有利于丰富文章的论证视角。

八、归纳论证

归纳论证是中学生写作议论文时最喜欢运用的一种论证法。比如,要论证"天才出于勤奋"这一观点,便从古今中外的名人中精选三五个典型,以他们因勤奋而成就伟业的事实,证明观点的正确性。而要论证"勤奋未必出天才"这一观点时,依旧是从古今中外的各类人物中精选三五个典型,以诸多虽勤奋却未能成才的事实,论证观点的正确。将此二例放在一起时,归纳论证中可能存在的问题便显现出来。

形成上述矛盾的原因,在于学生作文和大多数论文中的归纳论证,属于不完全归纳论证,即只对该类别的众多事例进行提炼,形成某种结论。从逻辑的严谨性而言,这样的论证多存在以偏概全的病症。写作教育论文时,需警惕之。

下面这两段文字,便使用了归纳论证的方法:

网络上有一道很老土的智力题:如何让猫吃辣椒。据说,最初面对这道题目的受众,绞尽脑汁想了无数办法。这些办法归结起来却无外乎三类。最直接的手法是把猫抓住,硬掰开它的袖珍小口,将辣椒强行塞进去。高一层级的手法是先将猫关起来饿上两天,再将辣椒藏于肉、小鱼或者其他的猫儿们喜爱吃的食物中,让饥不择食的猫囫囵吞枣地把辣椒吃进肚子里。第三种方法是将辣椒剁成末,抹在猫的屁股上,让猫在无法忍受辣椒折磨的前提下,自己主动去舔食辣椒。这三种做法,第一种充满了原始的征服欲,体现

了强力行为背后的伤害。第二种融强力和虚假恩宠于一体，骨子里渗透的，依旧只是自身目的的实现。第三种阴损缺德，褒义上说是富有智慧，贬义上说就是彻头彻尾的小人行径，典型的西汉陈平式计谋。

现在，我们的老师就是这只猫，我们的教科研就是这辣椒。如何让老师们走上教科研之路，上述三种方法显然都行不通。这三种方法，从未考虑到一个最有价值的问题——猫为什么要吃辣椒？老师为什么要做教科研？

——节选自《锻造高水平的校园学术共同体》，《中小学教师培训》，2009年第1期

先将各种办法进行归纳，使之浓缩为有利于分析论证的三种方式。然后针对每一种方式进行剖析，并在分条剖析之后，又对分析的内容进行归纳，将其汇总为一个结论——三种方法显然都行不通。如此，万川归海，各种表象归结为一个根源，也就自然而然地引出了将要探究的核心论题。

九、演绎论证

所谓演绎论证，就是从一般性的前提出发，通过逻辑分析得出具体陈述或个别结论的过程。该论证法运用的关键之处，在于先确立共性化的认知，再以此为前提，分析具体的现象，推导出相关的结论。

下面这段文字，便是运用了演绎论证：

尽管李老师的成功，实在只能算得上一种投机的成功，但这种成功，为他带来了实实在在的好处。李老师拥有了名利，也拥有了地位和尊严。在拥有了地位和尊严后，李老师也就被自己制造的地位与尊严的枷锁锁定了。他要维护这种已然拥有的特殊地位和荣誉，就只能沿了自己开辟的这条道路行走下去。而当这样的行为重复到一定次数后，李老师的心中，多数可能是已经将这种方法看成了一种必然。

——节选自《"一俊"凭啥"遮百丑"》，《江苏教育》，2007年第5期

文段中，李老师的成功是"一种投机的成功"，这是已经在文章中被论证为一般性结论的观点。由这个共性化认知出发，依次推导出李老师追求名利、李老师被名利绑架、李老师接受绑架并习以为常等三个层次的内容。有了这样的分析，"一俊遮百丑"的危害性便又有了新的内涵。

除了上述九种论证技法之外，还有比喻论证、归谬论证等其他种类的论证方法，不再一一举例分析。另外，我在本讲每处引文的后面都注明了出处，是想告诉读者，任何一篇教育论文，都不会只使用一种论证技法。当然，论证方法也并非越多越好。最重要的，是切实需要采用该方法。

第26讲 教育随笔的写作技巧

本讲所探究的教育随笔,特指教育叙事、教育案例分析、教育论文三种文体之外的,以叙议结合的杂文化笔法创作的议论性教育散文。此类型的文章,选材灵活,无固定的结构形式,无严谨的逻辑要求,注重个性化的表达,可读性较强。

此种教育随笔,从其选材和结构上看,大体可区分为四种类型:

其一,以偶遇的某一事件为缘起,借题发挥,引申至某一类教育现象的分析批判。此类随笔与案例分析的差异,在于对事件不作详细介绍,只用极其简约的语言一带而过。更多的笔墨,集中到相关事理的个性化认知之上。

其二,围绕某一教育事件作评说,却又不像教育论文那样作严谨的逻辑论证,只是兴之所至,自在而言之。行文类似于杂感。

其三,对自身的成长经历作回顾性分析,边叙边议,总结得失。

其四,围绕一个相对宏观的主题,用若干个片段性文字,从多个角度进行个性化陈述。其阐释的观点,不强求所有人都能接受,只作"我手写我心"的个性表达。

四种类型随笔的共性化特征,可归结为三个词:杂,散,个性化。

一、杂:心之所及,皆可为文

2007年7月至2008年6月,我以"走过高三"为主题,每天用一篇千字文,记录这一届高三教学过程中遭逢的各种教育问题。写下的近三百篇文章中,绝大多数为教育随笔。

比如，某日带领着学生分析订正一套修辞试卷时，在这些试题的字里行间，我读出了无法接受的伪圣思想和虚假道德阐释，便以"警惕伪崇高"为题，写了一篇教育随笔。下面三段文字，是该随笔第二板块中围绕"雪峰是伟大的，因为满坡掩埋着登山者的遗体"这个仿写句而生发的感触：

这道仿写，其思维的荒谬，已经到了混蛋的程度。这种典型的强加因果，将原本毫无关联的两件事情，生拉硬扯到了一起，用来构成满足利益需要的反人文理论。在这样的理论支配下，一切有价值与无价值的牺牲，全部被披上神圣与伟大的外衣。而这外衣包裹下的，恰恰是权势集团对于个体生命的藐视与侵害。做这样的仿写试题，就等于向孩子们灌输这样一种价值观：你想伟大吗？那么，你就准备牺牲！

雪峰伟大的真正原因是什么？这样的质疑，或许没有多少意义。然而，无论从什么角度去欣赏雪峰、崇拜雪峰，我们也无法将伟大之成因归结到登山者的累累白骨上。宝贵生命的非正常消逝，是人世间最惨痛最黑暗的事儿。这样的生命，倘若又是建立在挑战极限、认识自然的美好目标的基础上，那，它的被毁灭，就更能激发起人们对于毁灭这种美好的力量的憎恶和无奈。现在，雪峰就是这样的毁灭者，是刽子手，怎么反而成为讴歌赞美的对象？

这让我想到了一个古老的谎言：杀一个人，是杀人犯；指挥千军万马，让万千头颅落地，就是英雄。雪峰享受的，就是这杀戮万千生命的伟绩？

这三段文字，不具备教育论文的严谨推理，仅是我在特定教育情境下的特定思维的主观性呈现。其评析的内容，既有来自试卷的现实问题，又有写作学的逻辑问题、社会学的反人文问题、个体生命价值问题、道德评价中的崇高与伪善问题。这些内容，倘若放到教育论文中去一一分析论证，根本无法用一篇文章完成。放到教育随笔里，便是想到了这些，就写了下来，并不作深刻分析。

再如，某日闲读时，见《第二十二条军规》，思维便生了翅膀，写下了这样一些感触：

第二十二条军规,在教育教学中,也可以推演出如下荒谬逻辑:

第一,教师的责任,就是让学生走向高等学府,而让学生走向高等学府的路径之一,就是加班加点地"死揪"。如果你反对加班加点,那么,你就是不履行教师责任。除非你有能力证明,同样的班级,不加班加点也能考出好成绩。然而,我们不能允许你用学生做实验,所以,你必须加班加点。

第二,学生的潜力是无限的,只要你用力挤压,就一定能挤出效果。如果你不挤压学生,就说明你不尽力;如果你挤压了,学生依旧没有提高,那还是说明你挤压的力量不够。即使你用尽了吃奶的力气,只要没有成绩,还是说明你不尽力。

第三,我们不能保证耗费了时间,就一定能取得效果。但耗费了时间,我们至少心中无愧。所以,为了心中无愧,我们可以不必考虑我们的行为是否科学,只要我们在折腾自己的同时折腾学生,那么,我们就是问心无愧的教育工作者。

……

所以有以上联想,实在是因为刚刚有孩子向我传达了下午年级学生会上的一个"名言":"进入高三,谁也不能把自己当作人,至少不能当作一个正常的人!"我们高中生涯的最后一年,原来就是要把人变成非人,然后,将这样的非人,送到高等学校中去。立足于人的成长的教育,竟然在强权下理直气壮地变成了非人教育。这,不能不说是第二十二条军规在当下教育中的最好体现。

这几段文字,由小说《第二十二条军规》而联系到教师责任、学生潜能、学习效率、教育科学、教育现状等诸多内容,涉及的主题也很多。

又如,某日,学校的升学指标数下达后,两位班主任愁眉苦脸,担心无法完成任务。我便以此为切入点,写了教育随笔《数据,还是数据》。文章由数据带来的恐慌写起,然后想到数据在工农业生产中的价值,再想到教育中的数据问题,想到数据背后的"争地盘"和多种形式的牺牲,想到人类实现目标的两种手段,最后又回到两位班主任的愁眉苦脸,回到前几天誓师大会上的慷慨激昂。涉及的写作内容更加庞杂。

此外还有：由一名学生因车祸离世后只有少量同学出席最后的葬礼而写出的《最后的送行》，将生命教育、安全教育等纳入文章中一并思考；由一个朋友连续在国家级语文期刊上发表数篇论文而引发对自身专业成长的反思，写出了《救赎之道》，探究生存、生活与使命等相对虚空的哲学问题……

这些教育随笔，无一篇降生于绞尽脑汁的苦思冥想，全是来自现实教育生活的点滴触动。我认为，只要是在进行真实的思考，是在为中国教育的健康发展作最个性化的诊疗，则引发触动的一切教育现象，以及由此而生成的各种分析、探究甚至批判，就都值得用文字呈现出来，都有独特的价值。当然，如果只作浅层思考，文章便难以发表。只有像上面所举的这些例子一样，多作由此及彼的拓展延伸，才能思考出深度，才能在看似随意的表述中解析出问题的本质。杂，只指向一切皆可作写作素材，不指向思维的肤浅与混乱。

二、散：放飞思绪，视通古今

既然将教育随笔定位为议论性教育散文，那么，散文"形散而神聚"的特性，便必然体现于教育随笔的写作过程。在确保围绕一个核心论题写作的前提下，教育随笔的"散"，可体现为下面三种形态。

其一，结构无固定框架。上文所举的《警惕伪崇高》，针对一道试题中存在的荒诞，从多个角度生发感触，文字相对集中，类似于时事评论的写作章法。《第二十二条军规》则只以亮明态度为主，不作深度阐释，语言亦多随性。最后段落回到了叙事和议论结合的内容上，体现出随感的结构特点。《数据，还是数据》以思维的自由流淌为呈现形式，属于典型的漫思型随笔。三篇文章三种写法，教育随笔中的"随"字，在此得到了充分的呈现。

2017年年初，《新班主任》嘱我就"核心素养"这一话题写一篇教育随笔时，我立刻想到了曾经遇到的两个学生。于是，这篇2700字的《把核心素养写在人的旗帜上》，就从两位具有不同素养的学生谈起，然后谈到学生在学校阶段的综合素养培养问题、核心素养的形成条件问题、核心素养在学校教育中的有效落实问题等等。文章后来被排在该专题系列稿件的首稿位置，说明此种完全没有考虑章法的自由表达，只要主题明晰、针对性强，就符合教育随笔的写作要求。

其二，思维无固定路径。近十余年间，应一些期刊的约稿，我写过多篇5000字以上的教育随笔。主题都是回顾自身的专业成长历程，为青年教师提供人生参照。

同一个主题，要写多篇稿件，又不能重复相同内容，该如何去写呢？我采用的方法，就是只确立主题，不去思考结构，也不预设思维路径。字数太多了，便将一个大主题分成若干个小的板块来写。连板块间的过渡照应都极少考虑。

比如，《江苏教育》嘱我针对"名师的阅读与成长"写一篇教育随笔，我便在"用阅读为生命奠基"的主题下，用了八个写作板块，以时间为线，分别针对童年期"根本书籍"的滋养、青年期海量阅读的文化打底、成熟期专业阅读的视野开启等内容谈阅读与成长的关系。

《中学语文》的"名师成长档案"专栏需要一篇教育随笔，我便以"从五彩缤纷到返璞归真"为题，精选从教以来对八节课的深入探究，既呈现我对语文教学的认知的变化过程，也展示30年来我国语文教学经历的改革过程。

《新班主任》"成长故事"专栏的教育随笔约稿，我以"我的教育人生"为论题，抓住30年教育生涯中的六个重要节点而进行阐述，突出人生需要不断归零、不断重构的主题意义。

写作《河南教育》的专题稿件《我为课迷》时，我想到了写文章应该讲究起承转合，人生也多是在起承转合中不断向前，于是便以"起—承—再承—转—再转—三转—四转—五转—合"为小标题，串联起30年间沉迷课堂的诸多回忆。

其三，表达无固定要求。教育叙事必须以叙为主，少作甚至不作议论。教育案例分析必须先叙后议，既写清案例，又析清事理。教育论文必须建立严谨的论证结构，在周密的逻辑论证中呈现研究成果。唯有教育随笔，可叙可议可抒情，从不限定必须在某个环节采用何种表达方式。

3400字的教育随笔《快乐总有一组密码》，分别从教学、教育、生活、阅读等六个板块，或精选典型细节故事，或抓某一细节进行分析评价。其中，第一板块我只描写了一个教学片段；第二版块概述了几幅教学画面，并在结尾处作综合阐释；第三板块围绕"好课标准"进行学理分析；第四板块精选几则阅读场景，展示阅读生活中隐藏的快乐；第五板块针对"语文人"的称谓，有叙有议有抒情，多角度呈现职业的发现之乐；第六板块以坐飞机为切入点，联系到生活与工作的共性化质态，进而对"快乐"作哲学层面的剖析。六个板块的表达，均是依照各板块的内容与主题需要而自由确定。

三、个性化：不求共识，只表我思

教育随笔与教育论文的诸多差别中，最根本的差异在于个性化表达与共性化认知的不可调和。教育随笔属于散文范畴，而散文又属于文学，文学则提倡自由表达，甚至允许夸张和虚构。教育论文属于实用文本，实用文本讲究实证，所有内容必须被事实证明确实如此，且这一确实如此的结论，还得被大多数人认同。

厘清了这一差异，再看教育随笔的写作，便能对其中的个性化表达拥有更合理的认知。教育随笔的写作主体只是作者这一个体，其呈现的内容与思考，仅是特定时空中特定个体的特定思维状态。这样的文章，就算是作者本人，也存在着随着时空环境变化而带来的认知改变的问题，更别说作为旁观者的读者的理解和认知了。

故而，写作教育随笔时，教育写作者不必过多关注读者如何思考该问题，更不必因为这样的思考而束缚住了自身的思维。作者需要琢磨的，只是"我"对某个问题的理解角度是否合理，由此而生成的思考是否符合常识，是否尊重了教育教学规律。如果在自身的学养范围内，"我"已尽"我"之力，把能够思考到的角度和层面都纳入了探究范围，并且"我"所呈现出的观点与主张顺应了教育的应有规律，注重了对人性的尊重与养成，那么，就可以无拘无束地自由表达。

《寻找生命中的刺激点》是我随性而写的一篇不到 2000 字的教育随笔。这篇文章中，我由一位外地教师的短信为缘起，谈到了自身职业发展中的倦怠，谈到了一路走来经历的各种探索和取得的成就。我在文章中给自己确立了新的发展目标，并探讨了实现目标的应有方法。此文发表后，有读者发网帖批判我，认为我将发表论文作为衡量教育生涯成败的标准是一种极为荒诞的观点。我当然知道这样的标准荒诞，不能将它作为所有人的"生命刺激点"。但我这篇随笔，只是写我的生存状态，写我需要的生命刺激点。对我而言，用限定每年发表论文的数量作为刺激，可以激发我的专业阅读和专业写作的热情，可以形成良性的专业推动，所以我便如此表达。这位批判者，把教育随笔当成教育论文来理解了，误以为教育随笔和教育论文一样，呈现的是能够运用于大多数人的成功经验。

当然，教育随笔中的个性化表达，也不能完全不顾及读者的阅读感受。一篇教育随笔，其表达的思想与内容，至少应该符合多数读者的审美情趣，能够给多数读者带来具有正能量的信息。千万不要为了个性化表达而故意剑走偏锋，宣扬一些有违常识、有违规律的主张。

第27讲 读后感的写作技巧

相当数量的专业期刊设置有阅读专栏，专门刊发教师的读后感（含观后感，下同）和书评。这两类文章，形式上都接近于教育随笔，但都拥有相对规范的结构形式，且其言说范围也都不能过度脱离原作品的意义范畴。其中，读后感的写作在内容取舍和思维拓展两方面自由度相对较大，书评则必须紧扣原作的内容与形式而作学理分析，自由度较小。书评的写作技巧，下一讲作专门介绍，本讲只探究读后感的写作技巧。

写作读后感时，最忌讳的问题有三点：第一，观点无新意，所见皆与他人相同；第二，感悟肤浅，只停留在问题的表象之上，或者只作了浅层面的分析，未能真正抵达问题的本质；其三，缺少章法，东一榔头西一棒槌，思维混乱，段落层次相互纠缠。

一、立意：以"人"的价值实现为核心

读后感的写作重心，不在于作品本身的价值分析，而是以作品的阅读或观赏为契机，从作品带来的诸多触动中精选一个最具探究价值的内容，用以作为现实生活的关照物，多角度思考探究现实问题。此种文章，"感"为根本，"读"或"观"只是形成"感"的一个引子。

要追求"感"的深度、宽度与独特性，"读"或"观"的过程中的理性思维极其重要。教育期刊上发表的读后感，必然需要凸显教育的相关问题，而非只表达阅读者（观赏者）的个体化情感体验。阅读中最让我们怦然心动的情节，可以用来写作一般性的读后感，却不一定具备教育读后感应有的教

育技能、教育理念与教育情怀。

　　指向教育的读后感，需建立在冷静思考的基础上。当最初的阅读兴奋消逝之后，阅读者开始用理性的目光审视作品中的相关内容时，才能透过作品中呈现出的表象信息，发现隐藏在文字背后的教育理性。此种教育理性，必须以"人"的价值实现为核心，以顺应天性、敬畏规则、磨砺品格等目标诉求为行为准则。"感"就是要用来自作品的思考与认知，剖析现实生活中的教育质态，提炼现实生活中的教育主张，丰富现实生活中的教育技能、教育情怀。"感"的层次越丰富、角度越多元，则对教育的思考、对"人"的价值的思考也就越深刻。

　　《士兵突击》这部作品，绝大多数教师都观赏过。就此而写作读后感时，教育期刊需要的稿件，绝不会是对该剧表演技能的分析，也不会是简单的角色形象分析，只能是对隐藏在剧情背后的教育元素的深度探究。看完这部电视剧后，我写了一篇5200余字的读后感，发表在《江苏教育》上，题目是"教育是一种另类的爱"。我在关注许三多这一形象的成长历程时，思考的重点不是许三多的奋斗，而是他的两位"导师"的教育技巧，是两位"导师"出现的顺序。所以，我为这篇读后感确立的副标题是"由《士兵突击》看师爱的层进性特征"。我认为，许三多之所以能够由"孬兵"而成长为"兵王"，完全得益于他在人生最关键的两个阶段，分别遇到了两位具有完全不同的教育风格的人生导师。这两位导师，如果出现的次序发生颠倒，许三多就永远只能是"孬兵"。

　　下面是我写作这篇读后感的基本思路，以之为范例，可确立该类文章写作的基本思维路径。

　　文章开篇，我先直接亮明由《士兵突击》而收获的教育主张："所谓教育，就是在适当的时间，用适当的方式，为适当的对象，提供适当的平台，促使其不断习得他人的智慧经验，同时不断丰富自己的智慧经验，不断完善自身人格心理的一种行为。"随后，对文中的若干个"适当"作简要分析。

　　第二、三段，概述《士兵突击》中许三多的成长，印证上述观点的正确，也表明上述观点来自该电视剧。

　　第四段起，围绕"包容与鼓励，师爱的第一级台阶""责任与担当，师爱的第二层楼""荣誉与勇气，师爱的中级目标""优秀与卓越，师爱的最终追求"四个小标题，分别以史今对许三多的包容与鼓励、史今对许三多的责任意识的"激活"、史今对许三多荣誉意识和勇气的"点亮"、袁朗对许三多超乎常规的严苛要求为典型"教育经验"，结合现实中的教育问题作深度剖析。其中，每一个小标题的内容，均只用最简约的语言概述《士兵突击》中的相关故事，然后详细解析其中蕴藏着的教育原理，并以现实中的教育作参照。

下面这几段文字，是此文第三个小标题下的"感"的内容。选文省略了前三个段落，其中第一段综述该部分的观点，第二、三段概述并简析剧中内容。

当下的教育中，我们是如何唤醒学生的荣誉感，如何激活学生的勇敢品质的呢？

常常在某些高三班级的教室里，看到这样的标语："用分数赢得荣誉，用成绩捍卫尊严！"我不敢说这样的口号完全错误，但只将荣誉、尊严、勇气拴在分数和成绩上，总让我觉得这不是真正的教育。我始终认为，以真正的师爱为基础的真正的教育，应该赋予荣誉、尊严、勇气以更为丰厚的内涵。在分数与成绩之外，教育还有更广阔的天地，可以供受教育者放飞灵魂、感悟生活、成就自我、幸福他人。

一名称职的教师，当然应该想方设法激活学生的荣誉感，努力提升学生面对各种困难的决心和勇气。但是，教师必须能够将荣誉、尊严、勇气放到尊重教育规律、尊重成长规律的条件之下，必须以顺应生命成长的真实需要的荣誉、尊严、勇气来锤炼灵魂、陶冶生命，这才是为师的应有职责，才是师爱的应有内涵。

现在，很多学校舍弃了"三好学生"的评选，代之以"文明之星""进步之星""体育之星""文艺之星""学习之星"等多种形式的评价，此种行为，便是在培育健康、积极的荣誉观。教育，只有确立起多元评价的机制，才能促进生命朝向不同的方向多元发展。评价多元了，荣誉、尊严、勇气也就有了多元化的意义，生命也就有了多样化的精彩。让每一个生命都成为独特的"这一个",才是教育的最高价值。

请注意,这几段文字中,《士兵突击》已不见了踪影。因为,作品的价值只是引出"感",而"感"的重心在于现实中的教育。当我将"感"锁定为由《士兵突击》中提炼出的荣誉感和勇敢品质之后,文章中需要阐释的,便是当下教育中的荣誉感培养和勇敢品质培养的问题,而不是许三多的成长问题。而我所阐释的荣誉感和勇敢品质,正是现代社会的"人"理应具备的品质。

二、视角:由作品出发,走向生活与文化

我相信,能够从《士兵突击》中发现教育问题的教师不在少数。但是,多数教师不会去分析史今式的关爱和袁朗式的严苛中的教育层进关系。正因为感悟到了他人未曾感受到的教育认知,这篇观后感才能够得到编辑的赏识。这便是立意新颖的价值所在。

立意之外,读后感还需要独特的观察视角。一部作品就是一座山,不同的读者看到的风景必然不同。要想让自己写出来的文章确有价值,就必须"见人之所未见,言人之所未言",而且,内容与思想的独特性,还必须符合"意料之外,情理之中"的认知要求。

要做到这一点,就需要培养"多视角观察"的能力。教育读后感写作中的"多视角",一般而言,可区分为作品视角、作者视角、生活视角、教师视角、教育视角、文化视角等多个角度。写作一篇教育读后感时,应先由作品视角提炼出观点,再由教育视角、生活视角、文化视角审察该观点,并在教育、生活和文化中寻找相应的材料,探寻"应该如此"的理想教育路径。

比如,阅读《史记·孔子世家》时,我由孔子跟随师襄子学琴而生成的感触是教师如何进行专业阅读。这篇题为"'孔子学琴'与'教师专业阅读'"的3000余字的读后感,只在第一段用270字概述了相关故事。第二段起,便转换写作视角,从不同的角度探究专业阅读中必须面对的若干问题。其中:

第二段,将孔子学琴视作一种特殊形态的专业阅读,从中提炼出"对话"这一成功元素。

第三段起,引出两个问题:"孔子生活的时代,并没有多少可以阅读的书籍,孔子凭什么能够成为中国两千多年来最伟大的教育家、思想家?""现当代的中国,各种教育教学理论著作汗牛充栋,为什么却产生不了孔子这样的人了?"这两个问题,一个指向古代,一个瞄准现代,显然属于两个视角。

随后的分析中,由上述两个问题而归结出"书读我"与"我读书"的概念,并援引中外的理论和案例作支撑。其中,既有生活视角中的具体案例,又有文化视角中的阅读理论和教育理论。

经过这样的分析,原本只属于孔子的学习故事,便转换为教师专业阅读和专业成长的经验。这样的"感",显然具有一定的感悟深度。这深度,正是来自多视角的观察。

再如,阅读美国作家塞德兹《俗物与天才》时,触动我思想的,不是作品客观呈现的11个章节的内容,而是我由作品中的案例归结出的"成功教育"的三大法宝:明确且远大的教育目标,切合教育实际的科学教育方法,良好的生长环境和游戏活动。这三点,便是我写作读后感《用教育开启孩子的心灵天窗》的三个视角。我用这三个视角,分别从作品的11个章节中筛选有用信息,与现实的教育作对比分析,既发现了当下教育中存在的问题,也提供了解决问题的具体方法。

下面两段文字,选自《用教育开启孩子的心灵天窗》第二部分,是由作品内容而感悟到的对当下教育的个性化认知:

遗憾的是,在现实世界中,更多的教育者,一方面谙熟这些教育法则,另一方面却又在具体教育教学实践活动中不断背离这些方法。家庭教育中,父母总希望依照自己的愿望,把孩子培养成没有任何缺陷,各方面表现都十分突出的全才;学校教育中,老师总希望用最优秀的学生为标杆塑造其他学生。至于孩子的天性,孩子的个人喜好,完全被成人强权所扼杀。

过多的规则,使得儿童天性中的好奇心、求知欲、创造力一点点丧失。

原本可能成为天才的孩子,恰恰在渴望创造天才的欲望下被毁灭。

两段感想,均针对当下教育中存在的问题而进行批评,既有教师视角、家庭视角,又有学校视角、学生视角。

三、结构:"引—议—联—结"为主,自由表达为辅

读后感最常见的结构形式,为"引—议—联—结"。"引"即概述作品中的相关内容,引出将要分析议论的论题或论点;"议"是针对概述内容作事理分析,从个别现象中挖掘出普遍性道理;"联"是运用"议"中提炼出的见解和主张,剖解现实生活中存在的各种问题,并在内容的对比中呈现解决问题的具体方法;"结"是全文的收拢,一般应回扣作品内容,强化核心观点。此结构的四大板块中,最重要的是"联"。"联"是"感"的血肉,有了它,作品才内容充实、事理明晰、感悟深刻。

下面这个写作框架,是对网络上一篇6000余字的读后感的浓缩,采用的正是"引—议—联—结"的章法。

引——由好书的价值切入,引出所读书籍《给教师的建议》中的一段话:每天不间断地读书……

议——先总体介绍苏霍姆林斯基和《给教师的建议》,再谈阅读的整体感受,然后分析作品的结构形式和阅读价值,点出对现实教育工作的解惑作用。

联——分别从"教师要爱自己所选的职业""教师要学会控制自己的情绪""培养教师的语言素养""教师要学会赏识教育""教师要养成写教育日记的习惯""教师要学会挤出时间读书"六个视角展开分析。每一个视角,都先简述自身的工作质态,再引述作品中某一段材料并作必要分析,然后将材料中提炼出的核心观点带入工作实践中,以大多数人的工作状态,印证作品中提炼出的观点的正确性,最后提出倡议。

结——回到总体感悟中,进一步肯定该作品的价值,并用倡导性语言,

归结文章的主题意义。

原文中,"引"296字,"议"443字,"联"4863字,"结"425字。这样的详略安排,凸显了"联"的重要地位。

写作较长篇幅的读后感时,为了避免内容的纠缠,也可对"引—议—联—结"的结构作适当变化,比如采用分主题分板块呈现阅读感悟的方式,在化整为零中展示阅读思考的丰富性与深刻性。

下面这个写作框架,提炼自我校一位青年教师的一篇读后感,其行文结构便对"引—议—联—结"作了变通:

文章先用一句话概述阅读《青年教师的心灵成长之旅》的整体感受,突出内心的"温暖"。然后将"温暖"一分为三,分别从"学会给心灵松绑""生命需要一个准确的定位""行走的姿态影响生命的质量"三个视角陈述具体的阅读感悟。而在每一板块的内容安排上,又都是先简析作品中的相关内容,再阐释自身对该问题的理解,并将自身的实践与作品内容进行对比。这样的读后感,结构上体现为如下特征:

```
                           ┌─────────────────────────────────┐
                           │ 感悟点一:引内容—议观点—联现实—结感悟 │
                           └─────────────────────────────────┘
┌──────────┐               ┌─────────────────────────────────┐
│ 综述阅读中 │               │ 感悟点二:引内容—议观点—联现实—结感悟 │
│ 的整体感悟 │               └─────────────────────────────────┘
└──────────┘               ┌─────────────────────────────────┐
                           │ 感悟点三:引内容—议观点—联现实—结感悟 │
                           └─────────────────────────────────┘
```

此种结构,等于在主体部分将"引—议—联—结"重复使用多次。如此,每一个板块的内容相对独立,有利于集中笔墨各个突破。

第28讲 教育书评的写作技巧

教育书评最基本的结构形式为"叙—析—评"。

"叙—析—评"与"引—议—联—结"相比,前者以"评"为核心,始终围绕作品内容作多角度分析评价,后者以"联"为主体,从作品中引出论题或论点之后,重在联系现实探究相关问题。

写作教育书评时,角度的选择至关重要。善于从宏观视角阅读作品者,可立足作品的核心观点作全方位评述;缺乏整体建构能力者,亦可只选取作品中某一主题作具体剖析,甚至只选择某一章节内容作具体分析。角度的选择决定着文章的意义指向,只有意义指向有价值,写出来的作品才有价值。

写作教育书评时,应掌握下述三方面的写作技巧。

一、提纲挈领,精准概述

一线教师写作教育书评,其写作缘由可归结为三大类:其一,受人之托,宣传推荐;其二,读有所悟,表达交流;其三,意犹未尽,深度探究。出发点不同,写作时对作品的意义与价值的挖掘也就不同。

最有价值的教育书评,为第三类。此类书评,以作品业已呈现出的认知水准为起点,以作者从作品中提炼出的某一论题为核心,打通作品和现实教育情境的有效关联,在更为宏阔的背景下探究更为复杂的教育理论或教育实践性问题。此种书评,既研究作品,又研究现实、关注未来,还反思自身。

初写教育书评的教师,大多无法达到此种写作高度。初写者评析一本书,往往是因为这本书的某些内容唤醒了心中某种蛰伏的思想,使其渴望通过书评的写作，一方面将这感性的体验转化为理性的思考，另一方面借助于书评将自身的理解分享于他人。

这两类书评的写作，有一点是相同的，即都必须先确立评析的内容，然后才能对之展开分析与评述。关注的内容不同，提炼出的价值主张便不同，由此而进行的分析评述更不会相同。

如何确立评析的内容，又如何在教育书评中呈现这一内容呢？这就需要从阅读中最有触动处选点。对整本书皆有触动，便立足整本书作概述，围绕触动点，把全书的精华介绍给读者；对部分内容有触动，便抓住这一块作介绍，将最重要的信息展示给他人。比如下面两个片段：

示例一：我立足整本书所作的概述。

《生命语文》是一部学术著作。《生命语文》呈献给读者的，是一名优秀语文教师在备课、授课、阅读、写作等多方面围绕着"生命"主题所做的种种探究与思索。在这部35万字的作品中，作者紧扣"目标""原则""方法"三个核心命题，通过理论阐释、实录呈现、方法点析、案例解剖等手段，深入浅出地阐述了其"生命语文"课题的完整结构形式，从而为愿意加盟其"生命语文"研究队伍的一线语文教师提供了可资施行的范例。

——选自《生命，需要点燃》，《人民教育》，2009年第8期

示例二：朱亚娟老师立足部分内容所作的介绍。

教育教学中的很多事情，往往成在常识，败在常识。"拥有明晰的教育目标""备课不等于写教案""课堂需要温度、宽度与深度"这是教学常识，"从来没有绝对的公平""沟通是最有效的桥梁""好环境由好教师共同构成"这是管理常识……如果教师能够敬畏常识，认真落实好常识中涵盖的每一个理念，每一个方法和目标，就一定能成为一名深受学生喜爱的好教师。

——选自《敬畏常识，让生命回归天性》，《河南教育》，2015年第6期

前一个片段中的文字，是对整部作品的综合性介绍。后一个片段中的文

字，只针对所读书籍《重构教师思维——教师应知的28条职业常识》中的教学常识和管理常识两部分内容。两个片段中的概述性文字，都力求提纲挈领、简明扼要。

二、解析要点，提供路径

完成了"叙"的任务后，便开始进入第二个写作环节——析。

"析"在教育书评中主要起连接作用，用精要的剖析，搭建起由客观的"叙"通往全面且深刻的"评"的思维桥梁。"析"的写作重点，在于由"叙"的材料中提炼出相关的价值认知，为后文的"评"提供着力点。也就是说，"叙"由概述材料而形成观点，突出了"是什么"这一核心论题。"析"则负责解释概述材料中为何能够提炼出这样的观点，其中蕴含了什么样的逻辑关联。"析"侧重于回答"为什么"。

下面这两段文字，或许更有利于理解教育书评中"叙""析""评"的形式差异与内容关联。这两段文字，依旧节选自朱亚娟的《敬畏常识，让生命回归天性》：

教师的专业发展，也离不开顺应，离不开常识。该书的第四章中，作者用了七节文字，集中探究了教师专业发展中的若干常识性问题。我以为，这一章的内容，其实是前三章文字的根。毕竟，教育的一切理念、一切常识，均需要借助教师这个主体才能实现。没有了教师的自我觉解，没有了教师对一切教育常识的尊重与敬畏，则教育便永远无法摆脱功利之心的羁绊，学生的健康成长，也就只能是一句空话。

教师的专业成长，需要尊重哪些最基本的常识呢？作者说得好：要"给生命一个定位"，要"有一点吃亏精神"，要"原则问题绝不妥协"，要"锤炼一颗优雅的心"，要"用专业阅读丰富自我"，要"用专业反思提升自我"，要"用专业写作成就自我"。这些需要，既关注了意义、价值等高位的目标，又关注了阅读、反思、写作等具体的行动。一名教师，只有遵守了这些常识，才能摆脱匠气，成长为优秀的教师。

第一段中的"该书的第四章中,作者用了七节文字,集中探究了教师专业发展中的若干常识性问题",为"叙"。"我以为,……也就只能是一句空话",这些文字为"析"。第二段内容为"评"。

文段中的"析",首先是亮观点,突出第四章的"根"的价值。其次是"析"理由,印证前一句提出的观点。然后是反向论证,将思维由教师专业发展拓展至学生健康成长的高度。很显然,借助于此段简析,论题便由书籍的具体内容转移到了教师专业发展和学生健康成长两大视角上,这就为下一段的评述提供了必要的路径。

为什么说第二段为"评",而不是继续在"析"呢?主要是因为此部分侧重于价值判定,通过具体的例证分析,形成了明确的结论。"评"就是要对作品中相关内容作出价值判断,这也是教育书评的写作目的之所在。

三、多元评述,直陈主张

"评"是教育书评中最基本也最重要的环节。书评写得是否有价值、能否达到发表的水准,大体取决于该环节。

该环节的写作形式,和教育论文已无太大区别。在"析"出了"叙"中隐藏的教育认知之后,"评"需要做的,就是运用相关论据材料,对自身确立的观点进行论证。只是,在写作内容上,教育书评需始终紧扣作品及由作品中提炼出的价值认知展开剖析,不能离开了作品内容而过度联想。

"评"可只围绕一个核心观点作并列式、层进式或纵横交错式分析,也可采用分点阐释的写作章法。一般而言,如果只准备围绕一个问题写一篇不超过3000字的教育书评,则可采用前一种结构,如果需要评述的主题较多,或者文章篇幅较长,难以驾驭,则适宜采用后一种结构。

教育书评中的"评",该重点关注什么样的内容,才能赢得编辑和读者的青睐?

第一,"评"教育理论。如果一部教育专著中蕴含了丰富且新颖的教育理论,则需在"叙""析"两环节确立起最有价值的评述点,然后在"评"

的过程中，结合现实的教育情境，探究此种理论的现实针对性和可行性，倡导读者在教育实践中积极践行此种理论。

第二，"评"教育技法。相当数量的教育著作，以教育技能的传递为写作目的。评述这类教育书籍时，需对其中介绍的相关技法作客观而全面的剖析。其中，应以"人"的发展需要为最重要的衡量法度。对教育技法中先进的内容要充分肯定，对需要探究的内容要勇于批判。当然，肯定与否定，都不以主观情感好恶为依据，而是以学理分析为立足点。

第三，"评"教育情怀。有些教育书籍，既不呈现深刻的教育理论，也不介绍适宜的教育技能，仅是陈述个性化的教育认知，展示个性化的教育情怀。评述这样的作品时，则应将重点放到教育情怀的解析上。这类教育书评，"叙"的地位较为重要。只有"叙"的故事与情怀相吻合，作者告诉给读者的情怀才是真情怀。如果作者在作品中不断宣扬爱的主张，但作品中叙述的故事却总让人觉得是打着爱的旗帜追名逐利，则必须在评述中对这样的"情怀"进行批判。

下面这段文字，节选自我第五次阅读《窗边的小豆豆》后撰写的教育书评《教育的理想境界》。该书评发表于《福建教育》2006年第2期，全文2500余字，采用整体并列式结构。

巴学园所以能够存在，其中关键一点在于社会的认可与接受。这种认可，是建立在教育的多元发展的前提下的。巴学园中的孩子，只是凭了天性自由自在地学习着发展着，没有升学的恐惧，没有没完没了的作业，没有扼杀学习兴趣的体罚训斥；巴学园中的校长，不必考虑外来的指标，不必担忧学校的等级划分，不必应付无止无休的检查考核。一切都是那么自然，自然得只剩下了单纯的教育内在规则，只剩下了快乐和幸福。这个独立于整个国家的教育体制之外的世外桃源，没有因为自身的"离经叛道"而遭受无端的责备，同样也没有人，用某种既定的框架去约束它的发展。这种社会的宽容，无疑是巴学园成长的动力基础。

此段文字中，第一句话提出论点，第二句话对论点作解析，第三句起，以作品中呈现的教育情境为论据，论证"社会的认可与接受"对教育发展的巨大价值。整段文字以评述现象、形成结论为写作目的，"评"的特征鲜明。此处的"评"，以"评情怀"为主，"评理论"为辅。

这篇书评中，我除了从"社会的认可与接受"这一角度作评述，还关注了教育中的"大爱情怀"和家校合作问题。有了三个视角的评述，我对《窗边的小豆豆》这部作品的价值认知便完全展示出来。

第29讲 教育专著的框架建构

本讲探究教育专著的框架建构问题。之所以要研究这个内容，是因为我所认识的教师朋友中，相当数量的人已经出版了个人的教育教学"专著"，还有相当数量的人正在筹划出版自己的教育"专著"。我自己也在八年时间内，出版了多部教育作品。

其实，包括我自己的作品在内，很多作品算不得教育专著，只能算是作品集。比如，我所著的《中学语文经典文本解读——第三只眼看课文》，就是将40篇文本解读的文章，依照文章写作年代的顺序编排起来，汇集成一部作品。身为基础教育阶段的一线教师，我们很难做到用20万字去系统性阐释一种复杂的教育教学理论。我们擅长的是实践，便将这样的实践用文字记录下来，并依照一定的主题汇聚成册。这便是我们的教育专著。

下面，我就以基础教育阶段的教师出版的作品为例，对此类特殊形式的教育"专著"的框架结构作一概括介绍。

一、松散式结构：宏观立意，自在表达

来自一线的教育"专著"中，随笔集最为常见。比如，畅销多年的教育著作《不跪着教书》，就是由100篇教育随笔组合而成。这100篇随笔，是作者在漫长的教育生涯中面对各种各样的教育事件而凝聚成的思想结晶。每一篇文章都有独特的写作背景和主题立意。当作者需要将这100篇原本各自独立存在的珍珠串联成一部作品时，只需从这些作品中提炼出一个足以统辖所有文字的宏观性立意，然后依照一定的分类标准将其组合归类，形成一个

个主题单元模块，便完成了作品的编排。

此种类型的"专著"，总是先拥有无数颗珍珠，然后才依据需要将其串成项链。要想让这串项链成为精品，就必须尽量选择同一品质、同一尺码的"大"珍珠。倘若不顾优劣，将自己拥有的全部家当串在一起，则一定"串"出一个残次品。也就是说，《不跪着教书》的作者，绝不会只拥有这100篇随笔。这部作品之所以能吸引无数读者，一定是因为呈现出来的这100篇，本身都是符合这部作品的"选美"标准的优质的珍珠。

要想将这样的教育"专著"以版税制方式出版，难度极大。撇开作者的知名度、影响力等物质化因素不看，单从作品本身的内容而言，便需要作品中的绝大多数随笔能够拥有独特的视角、独到的见解和富有趣味的表达。只有确实能够给读者带来灵魂的触动，迫使读者不得不由作品内容而主动思考一些现实的教育问题、生存问题、发展问题，才能赢得出版社的信任。

目前，为数众多的随笔集无法通过版税制或千字稿费制出版，只能以自费的方式将其"嫁"给出版商。编辑此种类型的随笔集时，作者也应懂得依照一定的宏观立意而选材组材，切不可求全贪多，将所有的文字不加选择地汇集到一起。那样的"专著"，即使免费送人，也只是空耗他人的阅读时间。

二、主题式结构：立意先行，多元呈现

也有一些教育"专著"，形式上采用单篇作品汇编的方式，实际上每一篇作品间具有很强的关联性。这样的著作，无法先各自独立完成，然后选择编排。只能先确立写作的主题，再将该主题进行多层分解，并依照分解后的内容体系逐篇完成。《重构教师思维——教师应知的28条职业常识》便是这样一部作品。

写作这部作品之前的很长一段时间，我一直在研究当下教育中的一些"伪教育""反教育"的行为、主张与口号。我得出的结论，就是当下教育中越来越多的教育工作者故意性无视应有的常识，致使常识变成了荒谬，李鬼战胜了李逵。所以，我决定写一本书，专门探究教育中的各种常识，以期引起一线教育工作者的警觉。

确立了这样的写作意愿后，我开始思考第二层级的问题：当下教育中，哪些常识被颠覆了？哪些常识虽依旧存在，但遭遇了边缘化？这些需要重构的常识，可以归结为几大类别？当我把这些问题想明白后，我便决定从课堂教学、学生教育、学校管理、教师专业成长四大视角展开探索。

第二层级内容确定后，第三层级的思考便随之而来：每一视角下，都有哪些"伪教育""反教育"的现象存在？这些现象存在的土壤是什么？为何相当数量的教育工作者接受这样的错误思想？是主动为之还是被动为之？要疗救此种病症，需要重构出什么样的常识？每一种重构的常识背后，有着什么样的学理支撑？……这些问题如一张张网，帮助我从现实生活的海洋中不断地捕捞需要的写作资源。

把这些内容都思考明白后，我才开始这部作品的写作。这时的写作，其实就是完成28道填空题。这28道填空题既独立存在，又互为联系，共同编织成当下教育的常识之网。

《中学语文经典文本解读——第三只眼看课文》也是依照这样的创作过程而诞生的作品。当我萌发了解读中学教科书中的经典课文的念头后，我先确立了依照时代发展而选择课文的基本思路和以"人情人性"为出发点的解读主张，然后开始挑选具体的课文，再作具体的分析阐释。之所以选择这40篇课文，是因为这些作品中的形象在数十年的阶级论主张下被附加了太多的不应有的意义，我希望通过我的解读，将其还原为普普通通的人。

三、递进式结构：呈现过程，发现规律

此种教育作品，从内容和结构两方面而言，已大体具备专著的特征。整部作品，往往只围绕一个核心论题而展开探究，对学理的分析富有层次性，体现出较强的整体性思考的能力。

下面这个目录，选自《青年教师的心灵成长之旅》。分析各章节的标题，便可发现其思维的发展梯度：

总论：每一个生命都是奇迹

第一章：走过浪漫，走过幻灭

第一节：浪漫是心灵成长的起跑线；第二节：从没有不犯错的教师；第三节：学会承受挫折；第四节：教育情怀，需要理性支撑

第二章：成长是个进行时

第一节：走向成熟的三个标志；第二节：教师不是上帝，不是太阳；第三节：学会欣赏，学会期待；第四节：学会说"不"

第三章：每颗心都有脆弱的一面

第一节：倦怠，无处不在；第二节：藏在牛角尖里的脆弱；第三节：寻找适宜的宣泄途径；第四节：如何对待职称评定

第四章：给生命一个定位

第一节：没有一步到位的目标；第二节：用自信为生命奠基；第三节：我心安处有乾坤；第四节：板凳要坐十年冷

第五章：学会享受过程

第一节：工作的意义；第二节：换一种心情看失败；第三节：让沮丧变成动力；第四节：静候花开

第六章：突破瓶颈

第一节：山不过来，我过去；第二节：回到原点；第三节：亲近书香

第七章：心有多大，舞台就有多大

第一节：到凌云处应虚心；第二节：何妨少些烟火气；第三节：做一名"五心级"教师

第八章：走向卓越

第一节：追寻当下教育的幸福；第二节：置身山巅能放歌；第三节：我们的灵魂没有一丝白发

写作这部作品时，无法像写作《中学语文经典文本解读——第三只眼看课文》《重构教师思维——教师应知的28条职业常识》那样，可以打破目录中文字的先后次序，先写后面某章节的文字，再写前面某章节的内容。这部作品只能由前向后一节一节地推进。前一节的内容未阐释清楚，后一节文字便没有思想发展的参照，便丧失了立身之根。

这本专著的八个章节内容，等于八级台阶。每级台阶上放置的，都是特定发展阶段存在于教师群体中的共性化生存质态。依照这八级台阶走上去，认真践行每一级台阶上放置的那一份"成长秘笈"，便可以由工作之初的浪漫，走过随后的倦怠，走向职业的熟练，走进工作的快乐，成长为骨干型教师、学者型教师，最终成长为卓越教师。

很显然，这类教育专著的写作，需要先在大脑中形成宏观的结构框架，再理清该框架间的诸多细节性问题。如果采用跟着感觉走的方式来写，绝大多数情况下，会被感觉牵引到阴沟中去，无法走向明亮的前方。

四、交错式结构：分项突破，纵深挖掘

以教学技法的探究为研究内容时，要想全面、深刻而有条理地阐释相关见解，可采用分项突破、各自深入挖掘的框架结构形式。比如，要探究历史学科的教学法，便可分别从历史学科的知识体系、课程目标体系、教学流程建构等视角作深度分析。

下面这个目录框架，选自《语文教师的八节必修课》。研究八节课间的逻辑关联和八节课中的分析阐释，可大体了解该作品的外在框架结构特点和内在知识呈现方式：

第一课：备课，一切对话的开始
语文应该教什么；语文应该怎样教；教学体系的确立；让生命在场
第二课：导入，为课堂教学蓄势
新课导入中的四项基本原则；必须理顺的四种关系；知识、技能与情感
第三课：初读，倾听文本的声音
亮出你的教学任务；永不过时的诵读；不妨让学生去说；引出质疑的观点
第四课：细读，唤醒沉睡的灵魂
文本细读与目标落实；给课堂一些温度；藏在文字背后的生命；营造语文的独特韵味

第五课：研读，给思维插上翅膀

走出教参的思维束缚；换一个角度读课文；目中有"人"；驯养与滋养

第六课：拓展，打开另一扇窗

喧宾夺主，还是画龙点睛；指向知识，还是指向心灵；拓展的"界"与"度"；拓展中的"思"与"诗"

第七课：总结，让学生成为主体

课堂总结的常见技法；在自结的基础上点拨；留一份悠长的余韵

第八课：写作，放飞青春的心

好作文是鼓励出来的；写作是一种思维训练；从教科书中发现写作素材；下水才知水深浅

除了第八课的写作教学内容之外，前七课既保持内容上的相对独立，又构成了一条完整的语文教学任务链。每一课的具体内容分析，也同样是既注意集中笔墨探究一个教学问题，又注意此问题与相邻问题间的联系。这样的框架结构，有利于将复杂的教学问题分解成指向具体问题的若干个研究点，在分点探究中把原本抽象的、宏观的问题具体化、微观化，既有利于作者的深入分析，也有利于读者的消化吸收。

我的另两部教学专著《追寻语文的"三度"》《有滋有味教语文——语文教师应知的教学技巧》，也都是采用的此种写作框架。对于尚无足够的能力架构20万字容量的综合性写作框架的教育写作者而言，此种结构方式不妨多作探究。

第30讲 培养写作习惯的基本技巧

《三十六计》中，当各项具体的计策全部阐释清楚后，最后一计便回到了最无技术含量却又最为实用的笨计策——走为上。

教育写作同样如此。初步知晓了各种写作技法后，最终需要回归的也必然是最无技术含量却又最为实用的笨技法——写为上。

只是，此时的写，与以前的写相比，已承载了相对丰厚的内涵。此时的写，需要诉之以教育理性和基本的写作要求，需要追求文字的"知识在场""技能在场""生命在场"，需要确立适宜的写作计划并依照计划持之以恒地进行下去。这样的专业写作，才是教育生命永远年轻的不竭动力。

要在日常的琐碎中培养出良好的写作习惯，需关注下述三种基本技巧。

一、给写作确立一个世俗的目标

喧嚣的时代中，个体的教育写作者注定孤独。避免孤独的一个方法，是在前方点亮一盏灯，然后朝向这明亮的时空不断行进，直至抵达，越过，再点燃一盏新的灯，再行进……

这盏灯，可以崇高，可以不染半点尘俗的污垢，也可以世俗，可以挟带着显见的物质欲望。只要这灯光下的行动，关乎对教育本真的恒久思考，对教育情怀的长久浸润，对教育理性的恒常探索，则即使是本着成名成家的俗念而坚持了教育写作，也比不思考不写作者更具存在价值。更何况，写着写着，心中的杂念便会被文字洗干净，美好的花儿便会发芽、生长、开放。

如果每天写不了1000字,那么,500字是否可行? 100字总可以吧?没有人会忙到无暇写作100字的程度。当下生活中,绝大多数教师每天"写"在微信、QQ、微博、朋友圈中的文字,绝对超过100字。只是,多数人习惯了这种不用耗费脑细胞的随意表达,不习惯开动大脑,思考一点现实的教育问题,并将这样的思考记录下来。

换一种生活方式吧。想要在网络上跟一些无聊的帖子时,不如认真思考一下,写一点属于自己的精神产品;想要在办公室发牢骚说怪话时,不如静下心来梳理一下,探究形成倦怠的原因,寻找解决问题的具体方法。当每天能够依照计划完成了规定的文字时,不也是一种生命的丰盈?

过去的十几年间,我发表了三四百万字的文章。最初的写作动力,就是来自好胜心,来自自我价值的实现。起初,我以能够在正规期刊上发表文章赚取稿酬为目标,后来我以出版专著为目标,再后来我以用文字结识"尺码相同的人"为目标,就这么一路写下来,渐渐地成了习惯。这时,"写"便只是"写",世俗的功利性目标"功成身退"了,世俗的功利反而降临了。

二、给写作寻找一群同路人

孤独的写作者,非有大目标大情怀难以持久。于是,行走在教育写作的道路上,便需要呼朋引伴,需要寻找到一群志同道合的人,彼此分享,互为激励,共同成功。

信息化的时代,这样的寻找绝非难事。只要你发现了一个适宜的团队,融入进去,便等于在大脑中安装了一台功力巨大的发动机。你不妨在这个团队中为自己确立几个追赶的目标,用比他们更大的付出,力争在尽可能短的时间内跟上他们的步伐,最终超越他们。

这时,你需要做的,只有两件事:专业阅读,专业写作。阅读是为了不断开阔眼界,不断更新大脑中的知识储备。写作是为了不断总结提升,不断拓宽思考问题的视角,不断丰富自身的认知体验。

在团队中,"藏拙"不是高明的选择。写出来的文章,需要大胆展示,更需要听得进批评的意见。如果专业写作仅是为了获得掌声，那么，这样的写作只会成为专业发展的阻力。当然，如果有人不是从学理分析的角度评述你的文章，而是用道德绑架来裁定你的思想，则这样的评论者，可不必视为同行者。

结伴行走中，更理想的共读共写方式，是结成专业发展共同体。我有五位朋友，就因为建立了一个稳定的发展联盟，制订了详细的发展规划，五个人便都在很短时间内迅速发展为国内有一定影响力的教师。他们的小团体中，"写"是最根本的发展基础，每个人都必须出版一部教育教学专著。现在，他们五个人都做到了这一点。

现在，我与这五位朋友，连同更多的读写同行者一起，利用某家基金会提供的发展平台，组织起全国教师发展公益培训团队。我们对学员的唯一要求，就是不停地写。这些来自全国各地的青年才俊，倘若没有长久的专业写作作支撑，很容易被猖獗的应试狂潮吞噬。搭建起这样的发展平台，借助团队的监督力量和引领示范价值，便可以促使他们不断地写，不断地思，不断地成长。当来自外界的这份压力，经由长期的自主性写作而转换为一种行为习惯后，优秀与卓越也就不再遥远。

三、用写作建构生命的精神大厦

40岁那年，我写过一篇短文，题目是"生命不是一片自然生长的树叶"。在那篇文章中，我写了这样几段话：

我深知，我的生命轨迹，只有在教育这个坐标系上，才具有存在并无限延伸的价值。要实现这样的目标，只有通过永不停歇地学习，一点点脱离匠气，走向卓越。

于是，我卸载了电脑上的所有游戏，疏远了曾经热衷的聊天网站，一头扎进教育论坛和教育书籍之中。我知道自己的自控力有限，无法抗拒现实世界的各种诱惑，便只有用闭关修炼的方式，把自己封闭在教育教学的小圈子里研习教育的内功秘诀。

慢慢地，竟然就品尝到了这份苦修的乐趣。第一个变化，是睁开眼睛看世界时，便大体能够在每一朵花的背后，捕捉到它所以绽放的点滴因素。第二个变化，是觉察到大脑中有盏灯，其光芒正由微弱而渐趋明亮，以往的一些困顿，开始陆续变得明朗透明。第三个变化，是不再满足于满树的叶都只以一样的方式生长，就开始尝试着用各种各样的方法，去赋予自身这片叶子以独特的生命感悟。

现在，六年的时光，在书香的浸润中，孕育出了几百万的文字和独具个性的课堂教学模式。我用这些文字和课堂教学模式，为自己的这片叶子镀上了较为丰厚的一层蜡质。有了这层蜡的呵护，外界的风雨便难以抽干我的养分，我的表层，也因之而多了点别样的神韵。

更重要的是，我找寻到了一种滋养自己生命的方法，并明白了一个浅易却又深奥的道理：所有的生命，都只有通过自己的努力，才能争取到更多的阳光和水分。这样的争取，不只是为了更好地生存，更是为了在那满目苍翠中，超越于自然生长的规律之外，用不懈的奋斗，去赋予生命一份只属于自身的传奇。哪怕这传奇，在他人看来，微不足道！

这，也可以看作我的生命观吧。我们敬畏生命，却不愿臣服命运的种种安排；我们不人为抗拒自然规律，却乐意于通过我们的富有远大理想的行动，让我们生命枝头的绿叶，依照我们自身的鲜明特色而发育成长。这样，当我们最终不得不离开枝头时，才能问心无愧地说一声：我已用我的方式，在这世界认认真真地走过！

十多年后的今天，我还能将那时的思想准确无误地呈现在读者的面前，其功劳当然属于教育写作。行走在教育的道路上，唯有文字才能保存下一时一地的独特感悟，才能见证专业发展不同阶段的不同存在形态。事实上，这样的保存与见证，同时又会构成一种灵魂的自我监督与自我激励，促使我们用更多的文字，去探究外部的世界和内在的自我，去反思我们所处的教育环境，反思我们自身的各种教育行为。一旦失去了这些，无论多么卓越的生命，都会"泯然众人矣"。

从这一点而言，写作便是在用文字建构自身的生命大厦。当你意识到写出来的每一个字，都将存放在你的这栋大厦中，组合成你高大伟岸的身躯时，教育写作便被附加上了一种神圣的责任意识和使命意识。这样的价值认知虽略显虚空，却很有意义。毕竟，只有认识到一件事的真实价值，才会付之以踏实的行动。

后 记　教育写作的力量

这是近十年来写得最吃力的一本书。吃力的原因有四：一是自身缺乏足够丰富的写作学理论知识，只能从多年的写作实践中摸索归纳。二是受学科背景的制约，无法精准而恰当地选择数学、物理、英语等学科的案例材料；而且，又希望所举的案例能够适宜所有学段所有学科的教师共同阅读，便只好以语文科的教学案例为素材。三是教育写作本身就是见仁见智的行为，每个人都会在持久的写作实践中形成属于自己的个性化的见解与主张。要想让我倡导的技法被读者接受，就必须不断推想读者的阅读心态，同时推想读者业已形成的教育写作技巧，力求将二者融为一个整体。四是在陈述写作技法的同时，更希望以自身的写作为范本，通过对写作某一具体文章时的思维路径的回顾，为读者建构一条融思维和技法为一体的独特的写作经验。

再难走的路，一步步去走，终于还是走下来了。这条路的行走过程中，经历了数十年来气温最高的一个盛夏，又遭逢了一个最忙碌的暑假。60天的假期，真正的休息日，仅四天。其余时光，总是耗费在补课、讲座、开会、值班等各种琐碎事务中。为了这段路程中的轻装前行，我还推掉了十余篇约稿，甚至未能实实在在地完成每天一万字的阅读计划。

现在，我终于写完了书稿主体部分的全部内容，并且开始着手写作这篇后记。即将到来的白天，我上午与下午要各上两节课，并于下午两节课后立刻动身赶往南京，再乘车赶赴徐州，去参加一个本与我无任何关联的会议。本来我已请假不参加会议，但会议负责人打电话督促我务必参加，她说我前些阶段所写的一篇文章，系统地阐释了语文学科教学的全过程，堪称语文教学的技术说明书，嘱我在会议上讲述这篇文章。

其实我这篇文章并非新作,而是多年前对语文教学若干问题思考后写成的数篇教学论文的整合与深加工。文字就是有这么神奇的力量,在经历了近十年的时光剥蚀之后,依旧能够散发出照亮今天的现实的价值。这个案例,似乎也正好可以用来证明我这本书的写作价值。

王尔德说,人皆生活于阴沟,总有人抬头仰望星空。眼下,无边无际的繁杂与纷扰,就是我们每个人的阴沟。要想不被这阴沟中的污泥浊水吞没,便只能竭尽全力地抬起头颅。倘若再有一种力量,能促使我们在抬头的瞬间,因几粒星辰的闪烁而怦然心动,暂时性忘记了生存的痛楚,则这样的教育人生,便足以进入诗与思的境界。此种力量,我以为就是专业写作。毕竟,唯有专业写作,才会让我们懂得用理性的思维和审美的视角察看生活。

写作书稿的十个月间,我将自己这些年来积攒的一点儿文字家底作了一次大扫除。随着时光的流逝,一些文字已开始霉变,便彻底开除了它的生存资格。更多的文字,留作一种见证,充当数十年教育之路上的坐标。或许真应了敝帚自珍这个古语,有时我还真会为了当年的某篇文章而拍案叫绝。我知道,离开了写作那篇文章时的独特的教育情境,今天的我尽管写作技巧越来越丰富,却再也无法复制出那时的精彩。时过境迁,心情与认知均已有了太多的变化。不变的,只有那些凝聚了心血的文字。

本书写作过程中,为了例证需要而引用了一些来自报刊、网络的片段性文字。无论是作为正面立论的素材,还是用作分析批评的案例,均只为了阐释学理,绝非为了侵损原作者的权利与名誉。因无通联方式,无法在写作过程中先行申请授权再作引用,不当之处敬请原作者包容。凡所引材料的原作者,均可在我的微信公众号"语文三度时空"中留言,我将寄奉拙著,聊表歉意。

感谢我的家人,感谢责编与出版社,感谢无奈而又缤纷的当下教育。

完稿于 2017 年 8 月 24 日零点 45 分
修改于 2018 年 3 月 24 日

图书在版编目（CIP）数据

改变，从写作开始：教育写作实用技巧30讲 / 刘祥著 . —上海：华东师范大学出版社，2018

ISBN 978-7-5675-7537-0

Ⅰ.①改... Ⅱ.①刘... Ⅲ.①写作学 Ⅳ.① H05

中国版本图书馆 CIP 数据核字（2018）第 047421 号

大夏书系·教师专业发展

改变，从写作开始
——教育写作实用技巧30讲

著　　者	刘　祥
责任编辑	卢风保
封面设计	淡晓库
出版发行	华东师范大学出版社
社　　址	上海市中山北路 3663 号　邮编　200062
网　　址	www.ecnupress.com.cn
电　　话	021-60821666　行政传真　021-62572105
客服电话	021-62865537
邮购电话	021-62869887　地址　上海市中山北路 3663 号华东师范大学校内先锋路口
网　　店	http://hdsdcbs.tmall.com
印 刷 者	北京密兴印刷有限公司
开　　本	700×1000　16开
插　　页	1
印　　张	14
字　　数	237 千字
版　　次	2018 年 5 月第一版
印　　次	2024 年 2 月第十一次
印　　数	28 101-30 100
书　　号	ISBN 978-7-5675-7537-0/G·10993
定　　价	39.80 元
出 版 人	王　焰

（如发现本版图书有印订质量问题，请寄回本社市场部调换或电话 021-62865537 联系）